JN191596

目で見る想いこそが
創造のしくみ

目の真力《まりょく》

金城光夫
（琉球スピリット作家）

ヒカルランド

はじめに

「つぎの本は、書いているのか？」

タンポポおじさんにそう聞かれて、僕はビックリしました。

「えっ、つぎの……ですか」

デビュー作の『わたしは王』を書き上げて、
まだ間もないタイミングだったからです。

「そう。『わたしは王』は、言うなればチンダミ……だ」

チンダミとは、三線《さんしん》の音あわせをあらわす沖縄の方言です。
つまり「これからが本番」と、タンポポおじさんは示唆していました。

「つぎの本こそ、大切なんだ。
おまえなら、もう書けるだろう？　はやく書きなさい」

僕はアセりました。

タンポポおじさんから、
「とにかく、書いてみろ」と促《うなが》されて書いたのが『わたしは王』。
「つぎも考えろ」とハッパをかけられてはいましたが、
「デビュー作で売れなかったら、二作目で挽回」くらいに捉《とら》えていたのです。

『わたしは王』が前フリで、
二作目がメイン……とシリーズ化構想（？）だったなんて、
そのときはじめて知りました。

が、タンポポおじさんの説法は「目」をテーマにしたものが多く、
「つぎに書くなら、目！」と、決めてはいたのです。

前作で「王は、目にいる」と明かしましたが、
それがいかにすごいヒミツなのか……知るに至ったのは、本を出版してからでした。

「世界じゅうどこを探しても、まだ明かされていない〝目〟のヒミツ。
それは、ほかの誰でもない……お前だからこそ、書けるテーマなんだよ。
これはきっと、すごい本になるぞぉ〜」

タンポポおじさんから楽しげに焚《た》きつけられて、

「はい！　世界初の本を、書いてみせます」

と、思わず宣言して書きはじめたのが、
本書「目《め》の真力《まりょく》」だったのです。

さしあたっては、前作「わたしは王」とあわせてお読みいただきますと、
より理解が深まるのではないかと思います。

目の真力◎目次

第5章　タンポポおじさんと、それからのこと

カバーデザイン　坂川栄治＋鳴田小夜子（坂川事務所）
校正　麦秋アートセンター
本文仮名書体　文麗仮名（キャップス）

第1章

目の真力《まりょく》

天才の見つけかた

「あのなぁ、人はみんな天才なんだよ」

誰かが訪ねてくると、タンポポおじさんは決まってそう言います。

この本を読んでいる人も（読んでいない人も）もれなく天才……の、はずなのです。
が、ほとんどの人は、そう言っても信じてくれません。
僕は、それが残念でならないのです。

みんな「天才」と言われても、
自分が「天才」と自覚していないので、
ピンとこないのです。

執筆するさい、タンポポおじさんは何度も

「天才と自覚して書きなさい」と、僕に言いふくめました。
「天才と自覚して書くから、天才になるのです」と。では、どうやったら
「天才と自覚」できるのでしょう。

「わたしは天才だ！」と唱えても、すぐに意識が変わるわけではありません。
「わたしは天才だ！」と
「思いこんだら」天才になれるわけでもありません。

「思いこむ」というのは、たとえば……。
催眠術《さいみんじゅつ》で、鳥になったと「思いこむ」。
男が、女になったと「思いこむ」。

というように、

当人にとってはともかく、

客観的には「なにも変わっていない」状態を示します。

どこまでいっても「思いこみ」は「思いこみ」でしかなく、
鳥だと「思いこんでも」空を飛べるわけではなく、
女だと「思いこんでも」男に子どもは産めません。

おなじように、
天才と「思いこんでも」
天才の偉業《いぎょう》を成しとげることはできません。

いわば、
天才と「思いこんで」
天才に「なりきっている」だけの状態なのです。

「思いこみ」と「自覚」は似ているようで、まったく別モノなのです。

なにかを「研究」「分析」する行為にも、

おなじようなことが当てはまります。

たとえば……。

日がな一日、アリを観察していれば、

アリの「習性」
アリの「生活習慣」
アリの「好み」
アリの「ニガテなもの」

など、アリについて詳しくなります。
それを二〇年も続けていれば、
やがては「アリ博士」となって、研究分野のエキスパートになれるでしょう。

が、どんなに

「アリについて」詳しくなっても、
「アリの気持ち」がわかるわけではありません。

対・人間にもおなじことが言えます。
人は、他人にはなれないのです。

「相手の気持ちになって」考えることは大切ですし、
「相手の気持ちになって」考える行為＝思いやり……そのものは、
すばらしい愛のカタチです。

が……当然ながら、

それが「相手の気持ち」かどうかは、べつの問題です。
限りなく「相手の気持ち」に近づけたとしても、
やはり「相手の気持ち」は、相手にしかわかりません。

そういうわけで、

「天才」の気持ちは「天才」にしかわからないのです。
「天才」と「思いこんでいる」うちは、
「天才」の気持ちを、外側から想像しているにすぎません。

いつだったか、

「条件を満たせば、天才になれる！」

というキャッチフレーズを目にしたことがあります。

でも……人は「天才になる」ことはできません。なぜなら、
人は「もともと天才」だからです。

「天才」に条件などありません。無条件で「天才」です。
「天才」になろうとすると、みずからを
「天才」から遠ざけます。

「天才」になろうとするのは、
「天才」でなくなる努力をしているようなものです。

「私は、人間だ！」と、必死に
「思いこもうと」したりしないですよね？
「思いこんでも」「思いこまなくても」
「すでに人間」だからです。

おなじように、

「天才」は
「天才」と
「思いこむ」必要がありません。

あなたは「すでに天才」なのです。

が、
自分は「人間」と知っていても、
自分は「天才」と知らない人がおおいようです。

でも……誰かに教わって、
「人間」と知ったわけではありませんよね？
「天才」も、まったくおなじです。

あまりに「あたりまえ」すぎて、気がつかないだけなのです。

「天才」は、ほかの人にできないことを
「あたりまえ」にこなします。

まわりから見ると「天才」ですが、
本人にとっては「ふつう」なのです。

ゆえに、

「天才」と言われてもピンとこないのかもしれません。
「天才」＝「とくべつな能力」という先入観も、それを助長しています。

みんな、思いちがいをしているのです。

「できない」ことを
「できる」のが
「天才」と思っています。

が、

「できない」ところに
「天才」はいません。
「できる」ところにいるのが

「天才」なのです。

人間は、二足歩行の「天才」です。

人間ほど、二足歩行に長けた動物はいません。

でも、

「あたりまえすぎて」誰もそれを
「天才」と思わないのです。

「ふつうに」

「だれもが」

「できること」……と思っているので、

「天才」と結びつけられないのです。

「あなたは、天才だよ」と言われると、
自分がとくべつな存在になったように思えて、気持ちがいいものです。

が、

「みんな天才だよ」と、言われても……あまりうれしくありません（笑）。

「みんなが、とくべつ」ではなく、
「あなたは、とくべつ」と言われたいのです。

だから、

「あたりまえ」に
「天才」ということを、見逃してしまうのです。

が……言ってしまえば、

人間は「生まれてきただけで」すでに「天才」なのです。

「天才」になろうと努力する人がおおいのですが、
「天才」になろうと努力する必要なんてないのです。

僕もすでに「天才」ですし、
みんなすでに「天才」です。

にわかには信じられないかもしれませんが、
これはまぎれもない事実です。

「天才」になろうとするのではなく
「天才」と知ればいいだけです。

「天才と自覚する」とは、そういうことです。

それでは、

そもそも「天才」とは何なのでしょうか？

それは、何万年ものあいだ、隠ぺいされてきた秘密です。

「天才」のカギをにぎるポイント……それは、ずばり「目」にあります。

「天才」のゆえんは「目」なのです。

「天才」と「目」。

その関係を少しずつ、つぎの章で明かしていきたいと思います。

目の秘密

「目は、口ほどにものを言う」

昔からあることわざですが……真意を理解している人は、いったいどれくらいいるのでしょうか？

「目を見ると、その人の言わんとすることがわかる」

だいたい、そんな解釈になりますよね。
それについて、僕も異論はありません。

ただ、

「口ほどに」「ものを言う」という部分に疑問をかんじます。
「口ほどに」……？

まるで、

「口から」発せられる
「ことば」に一番エネルギーが宿っていて、
「目」は二番手と言っているかのようです。

でも、ほんとうに、

「目」は
「ことば」を補佐するツールにすぎなのでしょうか……？

人間には「五感」があります。

「みる（見）」
「きく（聞）」
「かぐ（嗅）」
「さわる（触）」
「あじわう（味）」

それら「五感」への橋渡し役として、

「目」
「耳」
「鼻」

「手」
「口」

という「ツール（器官）」があり、
それら「ツール」によって「五感」を感じているとしたら……。

そのとき、

「自分」はどこに「存在」していると思いますか？

「頭」と思う人もいれば、
「胸」と答える人もいるでしょう。
「身体と分離している」と考える人もいるかもしれません。

が……じつは、

「自分」とは

「目」そのものなのです。

僕はさいしょ、

「自分」は「胸」にいると思っていました。それなので、
「自分」は「目」と知ったときは意外でしたが、
「胸」と思っていたときはボヤけていた
「自分」の存在が、
「目」と知ったときからハッキリと、身近な存在に感じられるようになり……。

リクツぬきに、腑に落ちたのでした。

このくだりは、
前作「わたしは王」でも「王のいる場所=目」として、ふれています。
「自分」は六〇兆の細胞の代表であり、同時に
「王」である。そして、

「王」が存在する場所こそ
「目」なのだ……と。

このとき、

「王」は、
「目」の
「どこか」にいるのだと、解釈している人がいるかもしれません。

僕もそう思っていました。

が、タンポポおじさんとの対話のなかで、そうではないとわかったのです。

まず前提として、

「自分の目」があるのではなく
「目そのもの」が

「自分」なのです。

「目」のツールとして、
「手」があり
「口」があり
「耳」があるのです。

もっと言えば、

「からだ」は
「自分」である
「目」が五感をかんじるためのツールでしかない、ということなのです。

「じゃ、目の見えない人は……？」

との疑問が生じるかもしれませんが、

「物理的に」見えないだけであって、
「目」がないわけではありません。
「目」はあるのです。

世の中は、物理的な世界だけで成りたっているわけではありません。
物理的なものが占める割合は二〇％ていど……という説もあります。

つまり、

二〇％の部分が見えないだけであり、残りの、
八〇％は見えているのです。

この宇宙に存在しているもの……すべては「波動」であり、

「色」
「物質」

「匂い」
「音」

などの「波動」をキャッチするためのツールこそ、

「目」であり
「耳」であり
「口」
「手」
「鼻」なのです。

「目が見えない」ということは、
「物理的な」ものや色が認識できないだけであり、
(五感のうちの) 四感は、
「見る (=感じる)」ことができる……ということなのです。

「目」とは、

「物理的に」ものを見るだけのツールではなく、
「波動」を
「見る（＝感じる）」ことができるのです。

「耳」で「聞いて」なにかを「見る」
「手」で「さわって」なにかを「見る」

つまり、

「目」は、
「物理的に見えるもの」も
「物理的に見えないもの」も
「見ることができる」のです。

そして、

「見ることができる」のは

「天才」であり、
「見ることができる」
「目」をもっている、すべての人は
「天才」といえるのです。

だから、僕は「天才」であり、
すべての人も「天才」なのです。

さらに……。

からだの各器官が大切なのは言うまでもありませんが、
それらすべてが「目のために」存在している……というのは、
衝撃的な事実ではないでしょうか？

でも、

「目」……ひいては、

「見る」チカラというのは、
おおげさでなく人生を左右し、
創造するエネルギーに満ちているのです。

「目」は、
「自分」であり
「王」であり
「創造主」であり
「神」なのです。

さて、

「神」が
「見る」世界とは……？

目のつけどころ

「さすが、目のつけどころが違うねぇ」

と、言ったりしますが、そもそも

「目のつけどころ」もしくは

「目をつける」とは、どういう意味でしょうか？

べつの言いかたをすると、

「着眼点」。つまり、

「眼（目）」がたどり着いた点……ということになります。

ところで、

「見る」って「不思議だな～」と思ったことはありませんか？

たとえば……。

夜空には「何万光年も」遠くの星が、輝いています。
そんな「何万光年も」遠い星をながめたあとに、
すぐ「手元の」ケータイをチェックしたりしています。

「何万光年も」遠くの星と、
「手元の」ケータイ。

その二つのあいだを、瞬時に「移動」しているわけです。
光で「何万年も」かかるのに「見る」ときは一瞬なのです。

……なにが言いたいのか、わかりますか？

「見るチカラ」は、まさに
「神業《かみわざ》」と言いたいのです。
「見るチカラ」が宿っている
「目」が
「神」なのです。

「神」の
「目」で、
なにを「見る」のか……？

いま、目のまえにコップが二つあるとします。

左のコップは「赤」
右のコップは「黒」。

両者は二〇センチほど離して置かれており、
左のコップを見ると、右のコップはボヤけて見え、右のコップを見ると、左のコップはボヤけて見えます。
両方に焦点を合わせることはできないのです。
どちらかひとつにしか、焦点は合わせられません。

右のコップに集中すればするほど、
左のコップはボヤけて見えます。

集中して……いわゆる「ゾーン」に入ると、
右のコップ以外は見えなくなり、
右のコップのみが存在するようになります。

タンポポおじさんは、こんなことも言っていました。
「あのなぁ、良いところだけを見ればいいんだよ」。

僕は「??」となって、

「あの〜、良いところだけ見ようとしても、
悪いところも見えちゃって……これは、
見なかったことにすればいいんでしょうか？」

と、聞きました。すると、

「あのなぁ、良いところだけを見ればいいんだよ」。

さっきと変わらない口調で、おなじセリフが返ってきました。

「あ、ハイ……。
あのぅ、悪いところも見えるんですけど、
どうしたら、良いところだけが見えるようになりますか？」

僕も負けじと、くり返しました。

すると……。

「あのなぁ、良いところだけを見ればいいんだよ」。

三回目です。

さすがに僕も、それ以上は言えなくなりました。

アタマ（思考）でとらえようとするほどに、

見えないものが多くなって、世界は狭《せば》まってしまいます。

ここでタンポポおじさんが言わんとしているメッセージは、

リクツで解説できる領域のものではありません。

文字どおり、

「良いところだけを見ればいいんだよ」と言われたら、

「良いところだけを見ればいい」のです。

いたってシンプルな、これに勝る方法はありません。

「わかる」と「できる」のではなく

「できる」と「わかる」のです。そして、

「できた」ときに理解はおこります。

「見るチカラ」とは、

「見たところ」に到達できることを意味します。

人は「見た」ところへと向かいます。

人は「見た」ものを作ることができます。

人は「見た」ことを覚えています。

人は「見た」とおりに実行することができます。

人は「見た」目のごとし……なのです。

それはいま、

「目」のまえにある物理的なものとは限りません。
「目」のまえにあるものは、ほんの一部分でしかありません。
「目」は見えないものをも
「見るチカラ」があるのです。

僕はなにも、超能力のハナシをしているわけではありません。
これは、ごくごく日常にフォーカスした内容なのです。

たとえば……。

小学校で遠足に行ったあと、
感想文を書かされる機会があったと思います。

遠足は前日だったかもしれないし、

一週間前だったかもしれません。
いずれにしても「過去」の出来ごとです。

「過去」を思い出して感想文を書くとき、
「目」が見ているのは、
「いま」ではなくて
「過去」です。

「一二時に○○ちゃんと、公園のベンチでお弁当を食べた」と思い出すとき、

その映像が浮かんでくるのではないでしょうか？

それこそが「過去」を「見るチカラ」なのです。
「思い出した瞬間、過去にタイムスリップできる」って、
よくよく考えると、すごい能力だと思いませんか？

でも（日ごろ）あたりまえにやっていることなので、

誰も「すごい」と気がつかないのです。

また、

いちど「見た」ものは覚えているのが「目」であり、
「過去」のみならず
「未来」までをも
「見とおせる」のが「目」なのです。

「見た」未来に向かって、人はすすんでゆきます。
「目」のつけどころは重要なのです。

どこに「目」をつけるのか？

言いかえると、

「未来に」

「なにを」
「見るのか」

ということです。
ちょっと、ややこしいのですが、

「未来」を「予知する」ことではありません。
「未来」の「イメージを描く」と達成できる……というハナシでもありません。

ここで言っているのは「見とおすチカラ」なのです。

「見とおすチカラ」は本来、誰もが
「カンタン」につかえるはずなのに、
「むつかしい」と敬遠されて、あまり活用されていません。

なぜでしょう？
それは、

「むつかしい」という
「思いこみ」があるからです。
「できない」「むつかしい」という
「思いこみ」があるかぎり、ものごとは前にすすみません。

が……。

「思いこみ」をはずすことができれば、
「見えなかった」ものが
「見えるように」なってきます。

次章では、そのヒントとなるようなお話をしていきたいと思います。

目は心

心は「目」、もしくは「目」が心なのです。

「心の目で見る」という言葉がありますが、
これもまた洗脳の一種というか……「思いこまされた」概念です。

「目」と心が別々にある……と、思いこまされてきたのです。

「目」と別の場所に心があるわけではありません。
「目」が心であり
「王」なのです。

『わたしは王』のなかで〝頭はコンピューターだ〟と書きました。

「目」が命令をくだして
「頭」というコンピューターを使うわけですが……。
具体的な「命令の仕方」は、書いていませんでした。

まずは、

「なにを見て」命令しているのか……が、重要だからです。

「見た」ものになるように
「意図」するのが
「命令」です。

「目」が心であり、その心が「王」なのです。

「どうやったら、できるか？」

という角度から考えるとき、

「できる」ためのアイデアが生まれます。そして、
「できる」アイデアを実行するだけで、道は開けていきます。

逆に……。

「なぜ、できないのだろう?」

という角度から考えてしまうと、

「できない」理由が浮かんできます。そして、
「できない」道すじをたどってしまう……となります。

世間では、

「できない」ところから努力して

「できる」ようにもっていく……のが、美徳とされています。

が、

「できない」角度からスタートしてしまうと、決して
「できる」ようにはなりません。

５次元とは、

「できる」と決まっている世界なのです。
「できる」と決まっていることを、どういう道すじで辿《たど》っていくのか？
そのときどきで、選択していくだけなのです。

逆に、３次元では、

「できない」角度から
「できる」ことを考えよう……としています。

努力さえすれば、
「できない」ことも
「できる」ことに変わるはず……と、信じているのです。
「できない」ことをピックアップして、それらを克服するべく努力すれば、
「できる」ようになるはず……と、信じてきっているのです。

俗にいう「根性論」なども、この典型です。

中学で野球部だったとき、僕はまさしく「できない」角度から考えていました。

たとえば……。

1. バッティングがうまく「できない」と、レギュラーにはなれない。
2. 守備がうまく「できない」と、レギュラーにはなれない。

この二つが、レギュラー昇格へのカギだと思っていました。
それで毎日、学校ではもちろん、帰宅してからも素振りの練習をしていました。
が……。
素振り「だけ」はキマるようになったものの、
本番の打席で結果を出すことはできませんでした。
「素振りは完ぺきなのに、どうして打てないんだろう……？
あっ、ひょっとして、タイミングの問題かもしれない！」
そう考えた僕はさっそく、タイミングをあわせる練習をはじめました。
が……。
けっきょく、一度もヒットに恵まれることなく……というか、

ヒットどころか試合に出ることすら叶わず、
三年間の部活生活は幕を閉じたのでした。

これこそ、

3次元的な世界……であり、
「できない」角度からスタートしたさいの顛末《てんまつ》なのです。

バッティングが「できない」と、レギュラーに「なれない」。
守備がうまく「できない」と、レギュラーに「なれない」。
よっぽど練習しないと、うまく「できない」……。

「できない」「なれない」世界で、どんなにがんばっても
「できない」し、
「なれない」のです。

そして、バッティングや守備能力の高さは、

必ずしもレギュラー抜擢《ばってき》と関係していないのもわかりました。
レギュラーのなかには、僕より技術のない選手もいたからです。

そう、

「できない」と
「レギュラーになれない」という思いこみこそが、
足を引っぱっていたのです。

僕は、

うまく「できた」ら
レギュラーに「なれる」

という角度ではなく、

うまく「できない」と

レギュラーには「なれない」

という、

「なれない」角度から見ていたのです。

アタマでどんなに「レギュラーになりたい」と思っていても、
「なれない」角度から見ているので、
「なれない」ところにしか、向かわないのです。

人は、「見たところ」に向かう習性があります。

「バイクの運転中、大きな石や穴をみつけたら、絶対にそちらを見てはいけない」
と、言われたことがあります。
石や穴に注意を向けると、そこに向かってしまうからです。

逆に、コース上の障害物から（意識的に）視線をはずしていると、バイクはちゃんと障害物をよけて走るのだそうです。

ゴルフでも、おなじような経験がありました。

グリーンの手前で「バンカーを避けよう……」と思いながらショットすると、狙いどおり？　バンカーに入ってしまうのです。

僕はそこそこ練習していて、練習場で八〇ヤードの旗をねらうと一〇球中、八球は旗の横一メートル以内に落とすまでに上達していました。

それなのに、いざコースに繰りだすと……。

のこり八〇ヤードのところで、練習では打てていたショットが打てなくなり、グリーン手前のバンカーに落としてしまうのです。

アタマでは「グリーンにのせたい」と考えていても、
見ているのはバンカーなので、
バンカーに向かって打っているのと変わらないのです。

人生は「リクツで」考えたとおりには、なりません。
思ったとおりにしか、ならないのです。

「じゃ、良いことを思えばいいんですね」

という人がいますが……その発想じたいがリクツというか……「考え」なのです。
「思って」いる人には、その発想はありません。

では、「思い」とはなんでしょうか？

「目」は「心」です。
「考え」は「アタマ」であり、
「思い」は「心」です。

「心」を「考える」ことは不可能です。
でも、不可能なことをやろうとしているのが、
3次元の哲学者や研究者たちなのです。

しかし、

「心」は
「目」にあるということがわかれば、
すべてが腑に落ちます。

いままで「これは考えで、これは思い」と
分類した（つもりになっていた）ものすべては、
「考え」……リクツでしかなかったのです。
意識しなければ「思うことができない」ものは、

その時点で

「思い」ではなく
「考え」なのです。

どんなにポジティブなイメージを思い描いても、
そのとおりにならなかったのは、

「思い」ではなく
「考え」……リクツだったからです。
「グリーンにのせる、グリーンにのせる」と思っていても、

バンカーに落としてしまうのは、
バンカーを「見て」いるからです。

バンカーを避けたいと思っている人は、

バンカーに落ちてイヤな思いをしている自分を「見て」います。
「見た」とおりのことが起こるだけなのです。
「目」が「心」なのですから、
「思い」とは「見た」ものなのです。

言いかえると、「思った」とおりになっているのではなく、
「見た」ところにすすみ、
「見た」とおりに実現しているのです。

あなたは、なにを「見て」いまの人生がありますか？

胸は空っぽ

「あのなぁ、目が心なんだよ。
心は胸ではなくて、目にあるんだよ」

タンポポおじさんは、なんどでもおなじ話をします。
……というか、文言こそおなじですが、
毎回ちがったメッセージがこめられています。

「おなじ話」というのは、聞く側のとらえかたなのです。

僕も、さいしょのほうこそ、
「またはじまった」と、思っていました。

が、タンポポおじさんの話が単なる「くり返し」ではないことに、
あるとき気がついたのです。

なぜ、その話をするのか？
なぜ、いまするのか？
なにを、伝えようとしているのか……？

タンポポおじさんは機械ではありません。
ちゃんと理由があって、その話をしています。

問題は聞く側が、そこになにを見出すか……なのです。

しかし、なにかを期待していると、
本質になかなか気づけないのが、
タンポポおじさんの話のおもしろいところです。

なんの執着も駆けひきもなく、期待も不安もなく、
ニュートラルな状態で話を聞くとき、
はじめて宇宙の叡智《えいち》がおりてくるのです。

僕は、タンポポおじさんの話を聞くにあたって、
自分が「ニュートラルな状態か」チェックするようになりました。

ほかのことを考えながら話を聞いていると、なにも聞こえてきません。

なにかを期待しているときも同様です。

が……ニュートラルな状態になったとき、予想もしていなかった宇宙の叡智《えいち》へと、導かれてゆくのです。

それらの体験を書きとめていたら、いつのまにか本書の構想ができあがっていました。

なかでも印象にのこっていたのが「目」の話です。

タンポポおじさんから「目」の話を聞けば聞くほど、

いままでの常識がひっくり返っていきました。

「あのなぁ、目が心なんだよ」。

あるとき、またおなじ（と思える）話がはじまりました。

「胸は空っぽなんだよ。心は胸にあるんじゃないよ。目にあるんだよ。
目が心、目が自分なんだよ」

そして、核心的なことばをつづけたのです。

「胸はなぁ、目が見たものを映す、スクリーンなんだよ」

「えっ、スクリーン……？」

僕のなかで「なにかが」開いたのが、わかりました。

「そう、目で見たものを映すだけのスクリーン。
見る……だけなら、とくに感動しないでしょう。
胸に映しだされて、感情が伴って……はじめて、感動するんだよ」

スクリーン！

このことばが、僕のなかに刺さりました。

（これは、すごいことになる。
これを本に書いて出したら、世界じゅうの人々が、喜ぶだろう……）

そんなふうに直観したのです。

僕は、自己探求に明けくれて、二五年がたちます。

精神世界に首を突っこみ、スピリチュアルな本を読みあさり、
宇宙の真理や法則、メンタルのしくみについても学んできました。
悟りをめざして、修行にも挑《いど》みました。

しかしあるとき、すべてがどうでもよくなったのです。

外側にさがしにいかなくても……無条件で幸せな自分を、

内側に発見してしまったからです。

自己探求の旅から帰ってきたら、

「もともとそこにあった」と気づかされた……そんな感じでした。


その発見ができただけでも、僕は幸せでした。


そして、タンポポおじさんのもとで学ぶうち、

「この知恵を、ひとり占めするのはもったいない……」

と思うようになっていったのです。


「世界じゅうの人々に、おしえてあげたい。

みんなが求めている、錬金術の使いかたを……。

そして、すべての人が、平和で豊かになって欲しい」と。

そんな想いで書きはじめたのが、本書だったのでした。

世界じゅうの人に、
この素晴らしい叡智《えいち》が伝わればいいな……と思っています。

目からの投影

「外側の現象は、内側の投影である」

スピリチュアルな本でよく見かけるフレーズですが、
わかりそうでいて、落としこむのがむつかしい概念ですよね。
僕の探求も八割がた、このテーマに集中していました。

いろいろと試行錯誤したものの、
中学の野球部で、無念さを味わったときとおなじく……。
自己探求を二五年やろうとも、なにひとつ変わることはありませんでした。

人は苦しいとき、「外側」を変えようとしたがります。
ではなぜ「外側（の現象）」を変えたいと思うのでしょうか？
それは「外側（の現象）」を、
不幸だ……と「見ている」からです。

が、それは「外側（の現象）」が不幸にさせたわけではなく、

「外側（の現象）」に、
「自分」が不幸を
「見ている」だけなのです。

「不幸だ……」という角度から見ていると（おのぞみどおり）、
「不幸だ……」となります。

では、

「不幸だ……」と「見ている」角度とは？

それは、

「できない」「なれない」「変われない」……など、ないないづくしの世界です。

バッティングが上手くならないと、レギュラーに昇格「できない」。
現象を変えないと幸せに「なれない」。
内側を変えないと、現象は「変わらない」。
優しくしないと、仲良く「なれない」。

「幸せになりたい」と言いながら、
「幸せになれない」「不幸だ……」という角度から、
ものごとを見ているのです。

「幸せになれない」角度から

「見た」ものを、
「胸」のスクリーンに映して、不幸を味わっているのです。

冒頭のことば、
「外側の現象は、内側の投影である」にのっとると、

「内側に、不幸があるから」
「外側（現実）にも、不幸を生みだしている」という解釈が一般的です。

それゆえ、メンタルトレーニングや瞑想、
アファメーションなどにいそしむわけですが、
結果はイマイチ……事態は、思うように変わりません。

なぜなら、「角度」がポイントだからです。

「幸せになりたい」のなら、

「幸せになる」角度から、ものごとを「見る」ことが肝心です。

ところで、タンポポおじさんの口癖は、

「誰かのためになれれば、それでいいんじゃないの？」です。

タンポポおじさんは悟っていて「なにもしなくても」十分に幸せな状態です。

にも関わらず、他人のために積極的に活動しているのを見て、
僕も変わらずにはいられませんでした。

「5次元ではな、できないことはなにもないんだよ。
できるところから、できることをやればよい」

というのが、基本的なスタンスです。

そして、タンポポおじさんと一緒にいると、

「できないところ」をみつけるヒマがありません。

つねに、

「できるところ（できる角度）」から

「できること」を探して、かたっぱしから実行していくのです。

タンポポおじさんが昔、川崎でちり紙交換をしていたときのことです。

雨の日は休業にせざるを得なかったので、

そのタイミングを利用して、ドブそうじに出かけていました。

というのも、大雨でドブが氾濫《はんらん》して洪水がおこり、

子どもが流されて亡くなった……と聞いて、

いてもたってもいられなくなったのです。

雨の日ごとに現れて、ドブそうじをしていると、

「役場の方ですか？　お疲れさまです」

と、地域の人たちから声をかけられるようになりました。
タンポポおじさんはとくに否定することなく、

「はい、そうです」

とだけ返して、黙々と作業しつづけました。
そんなある日、ちり紙交換におとずれたさきのお宅で

「あっ、ドブそうじの……！」

と、思いがけず、素性を明かされてしまったのですが……当然ながら、
とても感謝をされる結果となりました。

以後、地域の人々はタンポポおじさんに協力的になって、

それまでの三倍量の古新聞があつまるようになりました。

タンポポおじさんはいつも、

「お客さまと友だちになることが、仕事を成功させるコツ」だと話しています。

「コツ」と聞いて、僕はさいしょ……ノウハウのようなものをイメージしていました。

タンポポおじさんの編みだす仕事はどれも斬新《ざんしん》で、かつ「あたって」いたので、それらの技術をおしえてくれるとばかり、思い込んでいたのです。

が……。

タンポポおじさんと、一年ほどすごすなかで、僕はハッと気がつきました。

タンポポおじさんは、いつも無条件の愛で人と接していて、そこには、なんの駆け引きもありません。

ただただ「誰かが喜べばいい」と思っているだけなのです。

その結果として、
「仕事が成功」している……というわけなのでした。
「成功」は、あくまで「結果」であって「動機」ではないのです。

そしていつも、タンポポおじさんは自由でいます。
決してムリすることなく、自分にできる範囲で、
人を喜ばせることに一生懸命なのです。

仕事を上手くいかせるために、誰かを喜ばせているのではなく、
誰かを喜ばせるために、自分の仕事を活用しているかんじなのです。

自分も儲《もう》かって喜びつつ、誰かをも喜ばせているのです。

なぜ、そんなことができると思いますか？

それは、見ているところ……「見ている角度」が違うからです。

タンポポおじさんは、とにかく人と仲良くして、
ともに平和で豊かになることしか「見て」いません。
そのために、できることを考え、実行しつづけているだけなのです。

そう、どこを「見ているのか」がポイントです。

そうして「見た」ものが「胸」のスクリーンに投影され、
内側で創造がなされ……やがて、
外側に現象がおこってくるのです。

つまり、

「外側」の現象＝映写機からうつしだされた「映像」にすぎません。

いくら映像を修正しようと、
映写機「本体」にテコ入れをしないかぎり、
改善はのぞめないのです。

では、映写機「本体」とは……？
それこそが、この章の最重要ポイントです。

おおくの人が「内側」を変えようと、
あらゆる手をつくしていますが、
それは結局、映写機「本体」……ではなく
スクリーンである「胸」に映しだされた映像を変えようとしているにすぎません。
スクリーンを修正しても、ながれている映像は変わりませんよね？

映写機「本体」とは……。

じつは、それにあたるのが「胸」ではなく「目」なのです。

目力革命

この本は革命です。

いままでの常識をすべて、覆《くつがえ》すからです。
いままでの常識に照らしあわせることなく、
フラットに読まれることをおすすめします。

まず、この世の現象世界……はすべて、
自分の「内側」の投影ということを受け入れてください。
自分の「内側」にないものは「外側」にはあらわれません。

「外側」の状態が、
「内側」にあるものを示しているのです。

ここまでは「引き寄せの法則」など、
精神世界の本でもおなじみの記述かと思います。

が、これはあくまでも「法則」そのもののお話であり、
「活用法」にまでいたっていません。
「法則」に詳しくなっても
「活用法」を知らなければ、あまり意味がないのです。
大切なのは、やはり……「できる角度から見るチカラ」なのです。

それはとてもシンプルでカンタン、
誰にでも使える「コツ」でもあります。

でも……その実「カンタンなこと」ほど、受け入れてもらえない傾向にあります。
なぜなら「むつかしいこと＝すばらしいこと」と、思いこまされているからです。
むつかしくなればなるほど、高額で取り引きされ、
カンタンになればなるほど、価値は低くなります。

高いものほど良いとみなされ、
安いものほど粗末に扱われる。

むつかしい資料を使った高額セミナーは人気ですし、
身につくのもはやい……はずです。
高いお金を払うと、必死で学ぶからです。

一〇〇万円もするダイエット食品を買えば、まちがいなく結果を出せるのも、
おなじリクツです。
商品の良し悪しではなく「高いお金を払ったから……」と、
必死に取りくむからです。

『わたしは王』の出版後、こんなふうに言われたことがありました。
「この本は、中身はいいのに安すぎる！　もったいない。
安いから、価値が下がってしまう。

八〇〇〇円の価値があるのに、
一〇〇〇円にしたら、一〇〇〇円の価値でしか伝わらないよ」

なるほど、たしかにそうかもしれません。
高いお金を払って買ったら、必死になって読みこむでしょうから。

でも……僕が書いた本はその定義すら、
ひっくり返すのではないかと思っています。

一〇〇万円で買おうが、
タダでもらおうが、
問題ではありません。

「読めば、わかる」。

いたってシンプルです。

「誰にでもわかる」本を書いたつもりですし、大切なのは、
「理解できるか・できないか」ではなく、
「やるか・やらないか」。

これにつきるのです。

5次元は、自分の想いが叶う世界です。
それを無条件で喜ぶだけで、

「つぎの段階」に入ります。
「つぎの段階」とは、じっさいに
「自分の想いを叶えていく」段階です。

しかし、おおくの人は、
このシンプルなことを実行しないまま、証拠集めばかりに力を入れます。
「ほんとうに、どんな思いも叶うのですか？」

「それが証明されたら、信じてもよい」と思っているのでしょうか？　つまり、「証明されるまでは、信じない」と……。

「5次元……と言われても、実感できません。どうやったら実感できますか？」

そんなふうにも聞かれますが……それは、

「実感できたら、5次元を信じる」という意味なのでしょうか？

「5次元なんかない」と思っているのではないでしょうか。
「5次元なんかない」と思っているのですから、結果として、
「5次元なんかない」という思いが叶っているのです。

まぬけに聞こえるかもしれませんが、これが世間一般の現状です。
いままでの「洗脳された」3次元世界が「ふつう」と思いこんでいるので、なんのギモンもなく3次元を創造しては、暮らしているのです。

が……。

「秘密」を知っている人たちは、
これまでの３次元世界でも、５次元を生きてきました。
いわゆる覚醒者《かくせいしゃ》や超能力者と呼ばれる面々です。

しかし、おおくの人は「秘密」を知らないまま、
５次元の世界になっても（いまだ）３次元を生きています。
とても、残念なことです。

さぁ……そういうわけで、いよいよ「秘密」にせまっていきます。

くどいようですがいったん、
いままでの常識は横に置いて、すすんでくださいね。
なにも「知らない」状態……。

「無知の、知」

から、スタートしましょう。

「知らない」ことを「知らない」人が多いのです。
「知らない」ことを「知らない」と「知りようが」ありません。
5次元のことはまったく「知らない」のだから、
「知らない」ということを「知って」ください。

いままでどこかで学んできた、5次元のことも忘れましょう。
よけいな（失礼！）知識が邪魔をして、
「知っている」つもり……の知識になってしまうからです。

「無知の、知」。

これが、5次元の新しい知恵を自分のものにする、最短のコースなのです。

世界の中心

「あのなぁ、世界一になりたかったら、自分の世界で世界一になりなさい」

あるとき、タンポポおじさんにそう言われました。

「お前は、本を書く天才なんだよ。
でも、天才だと自覚しなければ、なにを書いても売れないよ。
さきに、天才だと気がつきなさい」

「できるところから、
できることをやっていけば、なんでもできるんだよ。

世界一の作家になりたかったら、
できるところからやればいい。

自分の世界で、
世界一になるのはカンタンだろう？」

なるほど、たしかに

「自分の世界」で
「自分が世界一」になるのはカンタンです。

「自分のなか」で、
「自分が世界一」になった
「自分の世界」をつくればいいのです。

そのときは「なるほど」くらいに流していました。

が、

タンポポおじさんから

「目」の話を聞くようになって、
とんでもないことに気がついたのです。

それは……。

「自分の世界」で
「自分が世界一」になった世界をつくる

というのは、すなわち、
その世界を

「内側に見る」ということです。そして、

「見る」のは、
「目」のチカラです。

「見るチカラ」で得た映像を、

「胸」のスクリーンに映すとき、
「そこですべてが創造される」……ということに気がついたのでした。

「胸」のスクリーンに映された映像は、やがて
「外側」の世界にも投影されて、
物理的世界でも現象化してゆきます。

つまり、

自分が「見た」ものを創造してゆくのです。
自分の「内側」の投影というのは、そういうことなのです。

これは、まさに
「神業《かみわざ》」であり、
「神業《かみわざ》」を行える器官こそが
「目」なのです。

いままで、
「自分」そのものだと思っていた
「頭」や
「からだ」は、
「目」のために働くツールだったのです。

「自分」とは、

「目」であり、そのツールとして
「頭」

「耳」

「鼻」

「口」……そして、

「胸」があるのです。


いままでの常識をスルーして、もう一度確認しましょう。

「からだ」の一部として「目」があるのではなく、
「目」の一部として「からだ」があるのです。

そして、

「目」が世界の中心なのです。
「目」が中心であり、
「目」がすべてです。

もっと言えば、

「目」の一部として
「からだ」があるのではなく、
「からだ」全体が
「目」なのです。

口という「目」

耳という「目」
足という「目」
頭という「目」

そして、

想いという「目」。

すべてが「目」であり、
それら各所の「目」を統括しているのが、
やはり「目」なのです。

「目」は、各所の
「目」からの信号を受けとって、
映像化しているのです。

「想い」という

「目」からの信号は、
「胸」のスクリーンへと映しだされます。

スクリーンにうつった映像には「感情」が付加され、
やがて「感情」を伴った映像は、
エネルギーとなって「外側」に流れだします。

すると「外側」の世界では、
物質やご縁などが引き寄せられて、現実化してゆくのです。

これが、「目《め》の真力《まりょく》」なのです。

「はじめに、ことばありき」と言った人がいますが、僕はそう思いません。

なぜなら、

「ことば」とは

「想い」だからです。
「想い」とは
「見る」こと、つまり……はじめに
「見た」のです。
「見た」ものを
「ことば」にして、
「創造」したのです。

「神」とは、どこか遠いところにいる存在ではありません。

「見る」ことそのものが、
「神」なのです。

人は誰でも、
「見る」ことができます。
「見た」ものを

「創造」している
「創造主」なのです。

つまり、すべての人は「神」なのです。

はるかむかし……。
「目」を潰された
「神」は、封印されてしまいました。

しかし、地球が5次元に上昇して、
すべての「神」が再び、
めざめる時期にさしかかっているのです。

「人はみんな、神さまなんだよ」

タンポポおじさんの格言です。

しかし、どこか遠くに「神」がいると思っていた僕は、
なかなかその真意を汲《く》むことができずにいました。

「見る」ことそのものが
「神」であるならば、
「神」でない者はこの世にいません。

人は、むつかしく定義された「神」を信じてしまったがために、
定義どおりの「神」を求めてしまうようになり、
本来の「神」と出会いづらくなってしまったのです。

でも……ここまで読んできたならば、

「見る」ことそのものが
「神」ならば、自分も他人もすべて
「神」だと思うことができるはずです。

「神」という意識で
「見る」と……そこには、奇跡が輝いています。

誰かが「見た」もの、
自分が「見た」もの、

それらすべてが「創造」されていく奇跡……。

おたがいの奇跡をわかちあえたとき、
平和で豊かな世界が、
実現していくのではないでしょうか。

第2章

目の真術《まじゅつ》

目の真術《まじゅつ》

「目」がなせるワザ……は、常識をはるかに超えています。

が、

「アタマ」で考えられる世界は、
「アタマ」で考えられる範疇《はんちゅう》でしかありません。

「目」は、無限に
「見る」ことができます。そして、
「見た」のなら、
「在る」ということです。

できるところ（角度）から、

できることを考えて、
できることをやる。

できるところ（角度）とは、
見えるところ（角度）です。

はじめに「目」ありき、なのです。

なにかを成しとげようとするとき、
まずさいしょにするべきなのは「見る」ことです。
そして「見た」ものを、
ことばにのせて想いを伝える……と、
それが「言霊《ことだま》」となって、返ってくるのです。

３次元の世界では、
医学・科学・物理学……、
すべて「アタマで」作られてきました。

むかしに比べると、最新の技術は、格段に進歩してきています。

が……。

これは果たして、ほんとうに進歩と呼べるのでしょうか？

じつは、一見「進歩したかのように思える」文明の発達こそが、人間本来の能力を封印してしまっているのです。

文明が発達すればするほど、人間は能力を失ってしまいました。
文明の発達……イコール、人間の能力の退化なのです。

もしも、超能力があったのなら……。
もしも、瞬間移動ができたのなら……。
もしも、病気を癒すことができたのなら……。
もしも、空気だけで生きていけたのなら……。
もしも、テレパシーが届くのなら……。

もしも……。

人間が本来もっていたであろう、それらの能力をフッカツさせるのは、誰しもがのぞむところ……と、思いますよね？
ところが、それをのぞまない人たちもいるのです。
超能力がフッカツすることによって「損をする」人たちです。

「損をする」……言いかえれば、これまで文明によって「利益を得てきた」一部の人たちのために、
文明の発達があったとしたら……驚くでしょうか？

でも、それが真実なのです。

あるとき、僕はタンポポおじさんにたずねました。

「どうやったら、先生みたいに、特殊な能力を身につけられますか？」

すると、

「あのなぁ、能力を身につけるわけじゃないんだよ。
もともと誰でも持ってるんだよ。それを、
あり得ない！
できない！
ムリ!!　……と、
みずから壁をつくって、ふさいでいるだけなんだよ。
だから、壁をとっぱらえばいい」

そうなのです。
人間は本来、素晴らしい能力を持った存在なのです。
しかし、あるときを境に、能力を失ってしまいました。

「アタマ」が発達した人間は、
「アタマ」ばかり使うようになり、
「想い」の世界から

「アタマ」の世界へと、移行してしまったのです。

「むかしはな、
植物も、
動物も、
人間も……おなじことばを喋っていたんだよ。
でも、あるとき人間が裏切って、
人間だけのことばを話すようになってしまったんだ」

タンポポおじさんは、そう言います。

「想い」の世界では、
すべての生きもの……のみならず、
石などの鉱物とも、会話することができました。

しかし、人間はその隔《へだ》たりのない世界を捨てて、
「アタマ」の世界へと移ってしまったのです。

「アタマ」で理解することを素晴らしいと思いこみ、
「アタマ」で理解できることのみ信じるようになり、
「アタマ」で理解できることこそ、すべて……と思いこんでしまったのです。

それが、これまでの3次元の世界でした。
しかし、地球は5次元に目覚めたのです。

そして同時に、地球上にいるすべての生命体も、
5次元へと進化したのです。
5次元は「アタマ」「リクツ」に、制限されない世界です。

「想い」の世界は、無制限です。

もし、制限があるとしたら、
なにかを「想う」とき、
「自分」が制限をかけているにすぎません。

「自分」の制限をはずして、
自由に想いを発信したのなら……、
どんな想いでも叶ってしまうのが、5次元の世界なのです。

そして、

「想い」を叶える魔法こそが、
「見る」ことなのです。
「見る」チカラがあるからこそ、
人は、さまざまなものを
つくることができるのです。

そう、

「見る」ことそのものが
「神業《かみわざ》」であり、

「見る」ことができる
「目」こそ
「神」なのです。

目の勉強術

「本は、
読んだからといって、おぼえられるわけじゃない。
見るんだ。
読んでしまったら、おぼえない。
見ると、おぼえるんだ」

タンポポおじさんがそう諭《さと》す裏には、こんなエピソードがありました。
タンポポおじさんが、小学校に上がったときのことです。
「左利き」のタンポポおじさんが、いつものように文字を書こうとしたところ、

「右手で、書きなさい！」と、先生からこっぴどく叱《しか》られてしまいました。
当時は、左利きを矯正させようとする習わしがあったのです。

ショックのあまり「もう、字は書かん！」と決めたそうなのですが、
反面、「勉強ができるようになって、世界一になる！」とも決めていたので、
悩んでしまったそうです。

字を書かないことも、
勉強ができるようになって（世界一になる）ことも、
どちらも、自分が決めたことです。
どちらも、あきらめたくありません。

「自分が決めたことも守れないで、ほかに何ができるのか……」

タンポポおじさんは、真剣に悩みました。

どうやったら、

字を書かなくても勉強ができるようになって、世界一になれるのか……？

すると、

「おぼえれば、いいさ」

どこからともなく、そう声が聞こえてきました。

「あっ、そうか。おぼえればいいのか！」

すなおに納得したタンポポおじさんは、翌日から授業や教科書の内容すべてを「見て」おぼえるようになったそうです。

そこで気がついたのが「目」のチカラだった……というわけです。

なにげなく道を歩いていて、
あとで思い出したとき、
とおってきた道すじや風景を「おぼえている」と気がついたのです。

「〝目〟が見たものは、
おぼえようと意識しなくても、
おぼえているんだ！
これは、すごいことだ！」

そこに気がついたタンポポおじさんは、
ますます意識して、
「見て」おぼえるようになりました。

そして、学校の先生に何と言われようと、
テスト以外では字を書きませんでした。

まるで軍隊のような学校教育にも嫌気がさして、

教師の言いなりになるのもやめたといいます。

理不尽《りふじん》なお説教をうけると、「山学校」へと避難しました。

「山学校」とは、いまで言うフリースクールのようなところで、子どもどうしが勉強や木登りをおしえあったり……それから、人としてのありかたを学ぶ、大切な場所でした。

「おれはな、自分で自分を追いこんで、天才になったんだよ」

あるとき、タンポポおじさんが言いました。

「追いこんで……?」

「そう。もう字は書かない……と言いきかせて、自分を追いこんだんだ。おれは腕がないのと一緒だ、字は書けないのだ……とね。だから結果として、それに代わる能力が発達したんだ」。

事故や病気など（なんらかの原因で）からだの一部が不自由になったさい、
その部分をカバーするために、
べつの機能が開花する……という話を聞いたことはないでしょうか。

タンポポおじさんは、まさに！
このしくみを利用して、
自分で自分を追いこんで、天才になったのです。

が、おごらない性格のタンポポおじさんらしく、
自分が「天才なんだ」と自覚したのは、大学に進学してからだったそうです。

ある日のこと、講義中に教授が、

「このなかには、小学生の字を書く者がいる」

と、言いました。

学生たちからは「小学生だって」と、クスクス笑いが漏れました。

すると教授は、

「おい、笑ってるけどな。

字は、小学生ながら……成績は、おまえたちよりずっと上だ。

本物の天才だよ」

と、つづけました。

みんなシーンとなって、タンポポおじさんも黙ってしまいました。

それからしばらくして、タンポポおじさんが手紙を書いているところに、ルームメイトが出くわしました。すると、

「あ……な〜んだ。小学生の字を書くってのは、おまえかぁ」

手紙をのぞきこんだルームメイトが言いました。

そのときはじめて、

「教授が言っていたのは、自分のことだったんだ」と、気がついたそうです。

そして、タンポポおじさんは、

自分が「天才になった」のは、

「おぼえるために、目をつかったからだ！」と気がつきました。

それからというもの、

「目は、すごい！」と、

それまで以上に「目」を意識するようになり、

いつのまにか……未来をも、見とおせるようになったそうなのです。

「勉強はな、目でやるんだよ」

親子連れがタンポポおじさんのもとにやってくると、必ずかけることばです。

「アタマをつかったら、なんにもならん。
アタマはつかわなくていいよ。
目でおぼえて、
目で勉強しなさい」と。

でも、「目」で勉強するって、どういうことでしょうか？

そうたずねても、タンポポおじさんは

「目が天才なんだよ」
「目でおぼえればいいんだよ」

としか、おしえてくれません。

「アタマ」で理解できないことは、納得ができませんよね。僕は、なんとか、
「アタマ」で理解できるように解説ができないか……と、考えていました。

が、

その発想じたいが、
3次元にどっぷり浸かっているんだ……と、気がついたのです。

3次元は、
「アタマ」の世界……ともいえます。
「アタマ」の世界では、納得することが重要とされています。それが、
「アタマ」の世界のルールだからです。

でも、地球は5次元にアップデートされました。
もう、３次元も４次元もなくなってしまったのです。

どこにいっても5次元ですし、
みんな誰しも5次元です。

好みや価値観の問題ではなく……どんなに否定したとしても、もう、5次元なのです。なんなら、5次元を学ぶ必要なんかないのです。

5次元では、理解も納得もできなくても、

「そう」であるものは
「そう」なのだから
「そう」生きるしかない……という世界なのです。

「目」で勉強しなさいと言われたら、
「目」で勉強すればいいだけです。

そこに、理解や納得するための根拠はいりません。

たとえ理解できなくても、
とりあえず「やってみたら」いいのです。

友人の長男（中学一年生）と、バドミントンをしたときのことです。
友人はスポーツ万能で、子どもたちも運動神経バツグンでした。
僕は「遺伝するんだな～」くらいに思っていましたが、
どうやらそれだけではなさそう……と、
気づいた出来ごとがありました。

そのとき、長男は「バドミントンは、はじめて」と言っていたのに、
経験者の僕よりもあざやかなプレイで、
結果……軽々と負けてしまいました。

「おまえ、本当にはじめてか？　ウソだろう？」

思わず僕がたずねると、

「ううん、本当だよ。きょうがはじめてだよ」

と、言いはります。

「じゃ、どうしてそんなにうまいの？」

再び聞くと、

「さっき、お父さんがやってるのを見たから」

と、言うのです。

「えっ……見たから、できるようになったの？」

と、僕が驚いていると、彼は僕よりも驚いて

「見ても、できない人がいるの？」

と言うではありませんか。僕はそれ以上、なにも言えなくなってしまいました。

友人いわく、子たちが小さかったころから、

「スポーツがうまくなりたかったら、うまい人のプレイを見ればいいんだよ」

と、言い聞かせていたそうです。

子どもは素直ですから、
「見たら、うまくなるよ」と言われたら、言われたとおり、
「見たら、うまくなる」世界をつくるのですね。

タンポポおじさんの話も同様に、
「見たら、おぼえる」と言われたら、
「見たら、おぼえる」と、すなおに受けとめればいいだけなのです。

「やっぱり、よくからない」という人は、

子どもたちを観察して、
子どもたちから学ぶといいかもしれません。

勉強と学問

勉強と学問は、ちがいます。

勉強は、永遠につづいてゆくものです。対して、
学問は、期間が区切られています。

勉強は、無限にひろがってゆきます。
学問は、範囲が（あるていど）決められています。

勉強は、自分が独自に、つかみとってゆきます。
学問は、誰かが勉強したものを、習ってゆきます。

勉強は、オリジナリティがあります。
学問は、統一されています。

勉強は、みずからすすんで、するものです。
学問は、誰かにすすめられて、するものです。

ここで、アメリカのとある少年のエピソードをご紹介したいと思います。

彼は難病と診断され、医者からは

「この子はしゃべることも、自分で靴紐を結ぶことすらもできないでしょう」

との診断を受けていました。
少年の母親は、ショックのあまり（さいしょこそ）言いつけどおりに、つよい薬をのませたりしていました。

が……あるとき、楽しそうに趣味に興じる息子を見ていて、

「この子は、大丈夫！」

と直感したのです。そして、すぐに薬を飲ませることをやめました。
息子を薬漬けにして縛るくらいなら、

「この子が、好きだと思うことをやらせてみよう！」

と、決心したのです。

するとそのうち、少年は家じゅうに落書きをはじめました。
壁という壁に数式を書きこみ、
（彼なりに）なにかを研究しているようにも見えました。

「きっと、自分が博士にでもなったつもりでいるんだわ……」

母親はそう思って、見守ることに決めましたが……勢いは止まらず、
少年の落書きは、窓ガラスにもおよびはじめました。
さすがにあきれた母親は、

「あなたの数式はまちがっている、こんなものを書いてもムダだと、
息子に諭してほしい」

と、大学の数学教授に頼みました。

が……少年の家に入ったとたん、教授がこう叫んだのです。

「これは、すごい発見ですよ！」

なんと、少年が書いていたのは、まちがいどころか、
誰もとけなかった数式の解答だったのです。

少年のうわさは瞬く間にひろまり、

一三歳を迎えるころには「世紀の大天才」とまで謳《うた》われるようになりました。

医者からサジを投げられていた病気も、
日常生活に支障がないほどに回復してしまったのです。

いま、少年はアメリカの大学を講演してまわっていますが、
とてもユーモアがあって、おとなな顔負けの話術です。

「みなさん、もう学ぶのはやめましょう。学んでも意味がありません。
変わりに、自分で勉強しましょう。
学校や大学で、誰かが勉強したことを学ぶ……のではなく、
自分が興味をもったことを、
自分で勉強していきましょう」

そんなふうに堂々と、スピーチしているのです。

「歴史上の偉人も、学校には行きませんでした。

ニュートンも、アインシュタインも、エジソンも、
ちゃんと学校に行けなかったからこそ、天才になれたのです。
僕も、病気だったことが幸いして、学校に行かせてもらえませんでした。

だから、自分で勉強することができたのです。
自分が興味のあることを、
自分で調べて勉強するからこそ、なにかを発見できるのです」

タンポポおじさんとおなじことを言ってる少年が、アメリカに存在しているのです。
タンポポおじさんは、
「勉強ができるようになって、世界一になる！」ために、学校に入りました。

単に「学校で学ぶ」という受け身のスタンスではなく、
「世界一になる」ために、
「自分が勉強する」ためのツール……としての「学校」だったのです。
そして、誰も知りえなかった「目」の秘密を発見しました。

現代は、科学の発展とともに、むかしよりも格段に便利な世の中になりました。
が、いっぽうで人間のエゴのまま突きすすむあまり……地球環境を、
いちじるしく破壊してしまったことも事実です。

よって、

豊かさをとるか？
自然保護をとるか？

という議論が、ずっとついてまわっています。

が……僕にいわせれば、
そもそも「二択で選ぼうとしている」ことじたいがおかしいのです。

いっそのことまとめて、
もっと豊かな世界を創造しながら、
自然との調和も保ってゆく……と、やればいいのです。

「そんな都合のいいこと、できないよ」

と、思いますか？

「やってみないと、わかりませんよ……」というのが、僕の持論です。

やってもみないうちから「できない」と決めてしまうなんて、あらゆる可能性を否定しすぎていませんか？

「できない」のではなく、さいしょから「できない」と決めつけて、策を練ろうともしていないのです。

「とくべつ」な発明は、
「とくべつ」な人にしか
「生みだせない」と思っていますか？

そうではなくて、

「とくべつ」な発明は、
「とくべつ」なことを「考えた」人ならば、
「生みだせる」ものなのです。

アメリカの少年が新しい数式を発見したように、
自分が興味のあることをとことん追求して、
自分で勉強するならば、どんな発見だって可能です。

タンポポおじさんの発見した、究極のメソッド「目《め》の真力《まりょく》」とは、

すべての人が、
どんなことでも
発明できるチカラ

……を、意味しています。

なんでもかまいません。
なにかに興味をもって、
自分で勉強したなら、（必ずや）なにかしらの発見があるはずなのです。
学問とは、学校で教わることをおぼえる……ことです。
学校を卒業したら、それで終わりです。

が、

勉強とは、一生続いていくものです。
なが～い人生のなかで、
自分が興味のあるものを、ひたすら追い求めてゆくのです。

つねにつねに、
疑問と好奇心をもちつづけて勉強していく……ことこそ、
人生を楽しく生きるヒケツ、ではないでしょうか？

目の仕事術

さて、たとえば……飲食店をきりもりするにあたって、
食材の調達や下ごしらえ、調理器具や厨房のメンテナンス、
スタッフの管理……など（最低限）おさえるポイントがでてきます。

それらをクリアしてはじめて、
心のこもったお料理を提供することができるわけですが、
これは（個々の内容こそ違えど）ほかの職種にも言えることだと思います。

では、それらを踏まえた上で、
仕事で「もっとも大切なこと」とは、なんでしょうか？
ここでは、それを「目の仕事術」と称して、説明してみたいと思います。

まず、仕事を「はじめるまえに」大切なことがあります。

それは「見る」ことです。
人は「見た」ものを創ることができるからです。

たとえば、パズルは完成図を「見て」、
それに沿ってピースを組みあわせていきます。
おなじように、かかろうとしている仕事の
「完成図」を
「見る」ことによって、
途中で悩むことなく、スムーズに流れを築くことができるのです。

そのためには、多少めんどうでも、
自分で「完成図」を描くことが大切です。

それはなにも、プロの設計士のように整った「完成図」でなくてもよいのです。

自分のなかで、

自分が「見た」ものが「完成図」です。

さきにそれを「見る」ことで、スムーズに仕事がすすむのです。

そして、さらに僕が伝えたいのは、

「神としての目でやる」仕事、

「神の目技」です。では、

「神の目技」とはどういったものでしょうか……？


「ここに、世界一のトイレを作ってくれよ。お前なら、できるだろう？」

あるとき、僕はタンポポおじさんから「トイレづくり」を命じられました。

が、僕は建築経験もとくにない、まるっきりのシロウトです。

しかも、ただのトイレではなく「世界一のトイレ」だなんて……。

そう思ったものの、

「あ……はい、やってみます」

仕方なく、おずおずと返事をかえしました。
すると、僕たちのやり取りを聞いていた女性が、

「世界一って、一体どんなトイレかしら……？　ワクワクする！」

と、目を輝かせているではありませんか。

僕は「やるだけやってみよう」と、腹をくくりました。
とにかく「できるところ」からやっていくしかありません。
僕は「できるところ」を探して、仕事にかかりました。
トイレの屋根づくりにはじまって、
内装、土間打ち、タイル貼り……とすすめていきます。

すると、

「便器を買いにいこう」

タンポポおじさんが急に言いだしました。作業はまだ終わっていません。

「いえ、床がまだできあがっていないんです。

便器はそれが終わってからのほうが……」

「さきに買って、倉庫に置いておけばいいじゃないか。

いいから、いま買いにいこう」

半ば押しきられるカタチで、僕は買いだしに向かいました。

そして店頭で、きれいなピンク色の便器にひと目惚れして、

すぐに購入したのです。

「これで、世界じゅうの女性を喜ばせるトイレが、つくれるはず！」

そう閃きました。

そう、タンポポおじさんはあえて、このタイミングで便器を買いにいかせたのです。

その日から、僕の仕事への姿勢が変わりました。
それまで、ただの「トイレづくり作業」でしかなかったのが、「世界じゅうの女性を喜ばせる場所づくり」に変わったのです。

「トイレづくり」には、工程がたくさんあります。

左官工事
水道工事
電気工事
タイル貼り
トタン貼り……など。

「大変な作業だ！」と思うあまり、当初は挫折しかけましたが……。
ピンクの便器を見てからは、認識が変わりました。

ただの「トイレづくり」から、
「世界じゅうの女性を喜ばせる場所づくり」
「女性の笑顔にワクワクする作業」へと、意味あいが変わったのです。

そして、ついに「世界一想いのこもった」トイレが完成しました。

女性たちは皆、笑顔で使ってくれています。
まったくのシロウトである僕が、
世界一のトイレを作りあげてしまったのです。

「この経験を忘れるなよ。のちのち……おまえの宝になるのだから」

タンポポおじさんがそう言いました。
僕も、素晴らしい経験をさせてもらったと思っています。

つまり……ここでのポイントは、

「神の目技」とは、
「完成図」を「見る」だけでなく、
　誰かの笑顔を「見る」ことだったのです。

僕の「想い」とは、

「世界一のトイレをつくる」……ことではなく、
「世界じゅうの女性を喜ばせる」ことだったのです。

この「想い」の世界こそ、5次元なのです。

自分の「想い」を
自分の「胸」のスクリーンへと映しだし、
そこに感情が伴ってはじめて、
「外側」の世界へと反映してゆくのです。

第3章

目は神

目は神

「目」が、からだじゅうを支配している

「心」も
「神」もすべて
「目」のなかにある

「心」が
「目」とわかったら、はやい

どのくらい自分の「目」を信じられるか

「目」は
「神」さま

運命までぜんぶ「目」が握っている
「目」で「神」を見ればいい
「目」で「神」とつきあえばいい……。

ある朝、ミーティングでタンポポおじさんが熱く語りはじめました。
それは、あまりにも壮大で、世のなかをひっくり返すような内容でした。
冒頭の文は、タンポポおじさんのことばを書きおこした「言霊《ことだま》」です。

これだけでも、響く人には響くでしょう。
もし、ここで理解できたのなら、もう本書を読む必要はありません。

ここからは、まだ理解できていない人むけに僕が解体し、分解をしてから、僕なりのことばで組みたててみたいと思います。

「目」は「神」。

これは、答えなのです。

本書では、一貫《いっかん》して「目」の秘密を説いています。
それは、いかに「目」がすばらしいかを伝えたかったからです。

「目」が「神」。

あなたにとって「神」とはなんでしょうか？

罰を与えるのが「神」でしょうか？　それとも、
ごほうびを与えるのが「神」でしょうか？

また、
世のなかにはさまざまな「神」が存在します。
その「神」をめぐって戦争まで起こってしまっています。

そういうわけで、
ここでは「神」についての講釈はとくに書きません。
な～んとなく「摑んでもらえたら」と思っています。

「わたし」は「王」。

「王」は「目」。

「目」は「神」。

つまり、

「わたし」が「神」なのです。

だとしたら……あなたはどのような生きかたをしますか？


5次元は「神」の世界です。

生きている人も亡くなった人も「神」です。

この世も、

あの世も「天国」です。
生きたまま、
「自分」が
「神」として
「天国」になったのです。

ですから、いままでの「人間のルール」は通用しません。

「神」の世界には
「神のルール」があります。

それは「愛と調和」であり、
この「神のルール」に従うとき、
あなたは「神」として「天国」を生きられるのです。

地球はもう、5次元になりました。

すべての人が生きたままにして「神」になったのです。
しかし、それに気づいている人は少ないようです。
ほとんどが、いままでの延長を生きているからです。

それはつまり、
３次元という「夢のなか」で生きているのとおなじです。

３次元では、
５次元的な発想をすると、
「夢物語みたい」と……怪訝《けげん》な顔をされてしまいました。
それは理想論であり「現実はそんなに甘くない」と思われていたのです。

が……じつは……。

「現実」と思われていた3次元は「夢のなか」の世界であり、
リアルな「現実」は5次元にしか存在していなかったのです。
地球はこれまでの３次元……「夢」から、目をさましたのです。

そして、それより以前に「目覚めて」いたのがタンポポおじさんでした。
地球が目覚めた瞬間、タンポポおじさんは、
「これでやっと、みんなが目をさます！」と思って喜んだそうです。
ところが……大半の人は、そのあともまだ、眠りこけていました。

ガッカリしたタンポポおじさんは……僕にすこしずつ、
5次元のヒミツを伝えはじめたのです。

そして、「みんなにも伝えてくれよ」と言いました。

「お前みたいな天才に出会えて、俺はツイている。よろしく頼むよ……」と。

タンポポおじさんにそう言われて、僕はとても光栄でした。
なにせ、こんな大役を仰せつかったのですから……。

5次元の世界は、決して「夢物語」なんかではありません。

５次元は「神」の世界の「現実」であり、
３次元で眠ったままの「神」たちが、
これを読んで目ざめて……。

「現実」の
「天国」に気づいてくれたらと願っています。

そして、僕にあたえられた「天才」のチカラで、
平和と豊かさが実現にむかうよう……祈っています。

神は幻

５次元とは「神」の世界です。
すべての人が「神」なのです。

そして、

すべての動植物が「神」であり、
すべての鉱物《こうぶつ》が「神」であり、
すべてに「意識」があるのです。

人間には六〇兆個の細胞があり、
そのひとつ一つに意識があり、「神」なのです。
つまり、世の中に「神」でないものはひとつも無いのです。

「神」でないものはない……となると、はたして
「神」とは何なのでしょうか？

じつは……。

「神」とは「幻」なのです。
誰かがつくった「幻」です。

その「幻」の「神」をめぐって、
戦争までおこしてしまう人間とは……？
何者なのでしょうか。

でも、その人間もまた「神」なのです。
この宇宙は、はじめに「神」がつくりました。
地球も生きものも鉱物も、
すべて「神」がつくりました。

そして「楽しむこと」を目的として、
自分の分身……「人間」を創造したのです。
このとき「人間」は「神」と、まったくおなじ能力をもっていました。

そして「神」……「人間」は、ますます創造をつづけてゆきました。
やがて、あらゆるものを創造しつくした「人間」は、
ある大きな試みに出ました。

それは……、
自分たちとは「ちがう」、
大いなる神をつくる……という計画でした。

しかし、このときはまだ、

「すべての存在が」大いなる神……という世界だったゆえ、
「唯一絶対の」大いなる神をつくって差別化する……ことが、むつかしかったのです。

たとえて言うなら、

すでに開いている手のひらを、
(それ以上) 開かせることはできないのと似ています。
そこで、神はひらめきました。
「ならば、いったん手のひらを閉じればいいのだ」と。

これこそ、相対性のはじまりでした。

「朝」を迎えるには「夜」が必要で、

「闇」があるから「光」が輝く……。

「陰陽」とも言いあらわせます。

そして人間は、

いったん「自分が神だということを忘れる」ことにしたのです。同時に、

「大いなる」

「とくべつな」

「神」を創造したのです。

その「神」を崇拝することで、

本来意味するところの「神」からは、どんどん遠ざかっていったのです。

これは、まさに人間の自由意志の成せる業《わざ》……「神業《かみわざ》」です。
「神」まで創造してしまうのですから、すごいですよね。

でも、こんなことを言うと、
なかには「神への、冒瀆《ぼうとく》だ！」と怒る人もいます。

正直いって、これが真実かどうかは、僕にもわかりません。
でも、「もし、そうだとしたら……？」と仮定すると、
いまの世が抱える問題の大半が、そこに起因しているように思えてくるのです。

人間が地上に降りてきて、
さまざまなものを創造して、
楽しんでいた時代……を、イメージして、さかのぼってみてください。
その時代こそ、5次元の世界なのです。

もっと上の次元もあるようですが、タンポポおじさんいわく、

「あのなぁ、5次元がいちばん楽しいんだよ。ここは居たいだけ、居ていいんだよ。いつまでも5次元で、喜んでいていいんだよ。まぁ、べつの次元にいってもいいんだけど、楽しいのは5次元だよ」

とのことなのです。

5次元より上の次元……それは、数字では表せない「無限の次元」だと思います。

が、僕はタンポポおじさんに言われたとおり、「5次元を楽しもう！」と思ったので、ほかの次元への探求はしていません。

それはちょうど……幼稚園児が、老後に思いをめぐらせるのに似ています。
老後のことは老後に考えるとして、
「いま」を楽しみましょう。
「いま」は5次元なのです。

本書はそれ以上でもそれ以下でもなく、5次元に限定して書いています。
地球は、幼稚園から小学校へとあがりました。
いくら「幼稚園が楽しかった」といっても、
きりかえて小学生を楽しむしかありません。

逆に、

「はやく中学生になりたい」と思ったとしても、
まずは、小学校で学ぶ必要があります。

どうせいつかは中学生になるのですから、
いまは小学生を楽しんだほうがおトクなのです。

おなじように、5次元の世界をぞんぶんに楽しんでほしい……と、
願ってやみません。

では、人間が地上で「神」として生きていた時代は、
どのような暮らしだったのでしょうか?

つぎの章では少しずつ、そのあたりを回想していきたいと思います。

神の業

いま、この世のなかにある「もの」は、
すべて人間によって創造された「もの」です。
インテリアやパソコン、クルマや住まい……。
それらすべてが、人間の手によって生みだされたものです。
が……「神として生きていた」時代の人間は「生きもの」さえも創造していました。
いちばんはじめに「木」をつくりだした神は、すごいと思いませんか?

なにも無いところから「木」を生みだしたのです。おなじように、
なにも無いところから「花」を生みだしたのです。

つくったのは、「いちばんさいしょの」神でした。

それからしばらくして、
「神として生きていた」時代の人間が、
いろいろな種類の木や花をつくったのです。

これは「いちばんさいしょの」木や花……という存在があったからこそ、
それをベースにして、
さまざまな種類の木や花を創造することができたのです。

でも、いまの人間に「生きもの」をつくることはできません。
そのかわり「機械」「道具」など、
生活に必要なツールを発明してきました。

むかしの「神として生きていた」時代の人間と、
いまの人間とを単純に比較することはできませんが……両者に共通する点が、
ひとつだけあります。

それこそが「目《め》の真力《まりょく》」なのです。

つまり、

いまの人間も、
「神として生きていた」時代の人間も、
それ以前の「いちばんさいしょの神」も、
すべて持ち得ているのが「目《め》の真力《まりょく》」なのです。

いちばんさいしょの「宇宙のはじまり」とは、

「神」が
「想い」そして、その

「想い」をさらに
「神」が
「見て」爆発させたもの……いわゆる、ビッグバンです。

その延長として、

「神として生きていた」時代の人間が、やはり自分の
「想い」を
「見て」
ビッグバンをおこし、
木や花や生きものをつくりだしたのです。

そして、そのまた延長で、
こんどは「近代の」人間が
自分の「想い」を見てビッグバンをおこし、
機械や道具を発明した……というわけなのです。

「神」とは、
「想い」を
「見る」ことなのです。

すなわち、

「自分」の
「想い」を
「見る」とき。

それがビッグバンをおこして、なにかを創造するのですから、

「自分」が
「創造主」であり
「神」なのです。

これはなにも、特別なことではありません。

3次元だろうと5次元だろうと、
人間が「もの」をつくるときに
最初に取りかかるのは「想像」という、

「想い」を
「見る」作業です。

想像力を豊かにし、

「完成図」が
「見えた」ときに
「想い」が爆発し……なにかをつくることができるのです。

家を建てるときもそうです。
設計士さんは家の「完成図」を「見て」それに沿って設計をします。
つまり、まずは

「想像」で
「完成図」を
「見て」設計するのです。

これとおなじことを、すべての人が日常で行なっています。
すべての人は設計士……とも言えますね。

そして、

「想い」を
「見る」ことが
「神」であり、すべての人間が
「神」なのです。

これが「神の業《わざ》」であり、誰しもが備えているチカラなのです。

神のルール

「人は、なにものにも縛られることはない」と、知っていますか?

おおくの人は縛られる……「束縛《そくばく》される」ことを嫌います。でも、じつは

「なにか(誰か)に束縛されている」わけではなく、
「自分が束縛されている」にすぎないのです。

おなじように、とても厳しい規則で、
がんじがらめにされているとします。
でも、やはりそれは、

「規則が」自分をがんじがらめにしているわけではなく、
「自分が」規則にがんじがらめにされているだけなのです。

規則は、ただの規則でしかありません。
規則そのものではなく、
「規則を、守らないといけない」
という考え方こそが、人を不自由にさせているのです。

たとえば……。

サッカーには「手を使ったら反則」というルールがあります。

しかしやはり、それはただのルールであって、
「手を使ってはいけない！　手を使ってはいけない！」と、つねに囚われて
ゲームをしている選手はいません。

「手」以外は使っていいのですから、

「いかにうまくボールをコントロールするか」
「パスをするか」
「シュートするか」……しか、考えていないのです。

つまり、「手を使ってはいけない」というルールよりも、
「いかにゲームを楽しむか」にフォーカスしているのです。

仕事も人生も、まったくおなじです。

地域や会社、また、個々人にもたいてい、
なんらかの「ルール」が存在します。が、当然のことながら、
それは「他人を縛るため」ではなく、
より「スムーズに、まわりと共存していく」ためのものであるはずです。
なかには「特定の人だけがトクするような」理不尽なルールもあるかもしれません。
そのジャッジはひとまず、置いておいて……。

たとえ、どんなに理不尽なルールであったとしても、
自分が「楽しむ人」であれば、楽しむことしか考えません。

問題はルールそのものではなく、自分が

楽しむ人か？
苦しむ人か？

その違いだけなのです。

苦しむ人は、ルールを「束縛」と捉《とら》えて苦しみます。
楽しむ人は、ルールを理解した上で楽しむ方法を考えます。

サッカーには、
サッカーのルールがあるからこそ、
サッカーとしてのプレイを楽しめるのです。

手を使ってしまったら、サッカーではなくなってしまいます。

おなじように、

「神」の世界にも
「神」のルールがあるのです。

それはもちろん、

「人間」を束縛するためではなく、
「人間」としての
「神」が、楽しむためのルールなのです。

では、そのルールとは……？

それは、琉球が古来より受け継いできた心……真《まくとう》の心、なのです。

単に、真心（まごころ）という意味にはとどまらない、
「愛と調和」「思いやり」……など、とにかく、
思いつく限りの「やさしさ」をあらわすことばです。

琉球王朝時代《りゅうきゅうおうちょう》、
「真《まくとう》がある人こそが、王にふさわしい」とされていました。

各地には城がそびえ、その城の主を按司《あじ》と呼んでいました。
これは、佐敷《さしき》（という沖縄南部にあった町）……の、按司《あじ》にまつわるお話です。
按司《あじ》は当時、中国と貿易をかわしており、
そこで手に入れた短剣を宝物にしていました。

するとある日、薩摩《さつま》からやってきた使者が短剣を見るなり
「なんと、みごとな剣《つるぎ》であろう……どうか、それを譲ってはもらえまいか。

金なら、いくらでも出そう」

と、懇願《こんがん》してきたのです。すると按司《あじ》は、

「これは、中国の由緒あるところからいただいたものである。そうカンタンには譲れない」

と返しました。

「そこをなんとか……なんとか、譲ってもらえないだろうか。どんなことでも、させていただくゆえ……」

薩摩の使者が、必死で頭をさげました。

すると……。

「そこまで言うのなら、条件がある。

山盛りの鉄くずを船に二隻分となら、交換してもよいぞ」

按司《あじ》の思いがけない提案に、

「て、鉄くず？　なんだ、そんなことならお安いご用だ！」

薩摩の使者は喜びいさんで引きかえし、

すぐに鉄くずを積んだ船とともに戻ってきました。

こうして「中国の短剣」と「鉄くず」が交換されたのです。

按司《あじ》は受けとった鉄くずを鍛冶屋《かじや》にはこんで、

ありったけの農具を作らせました。

そうして出来あがった農具を、佐敷《さしき》じゅうの農民たちに、無料で配ったのです。

それまで木製の農具しか持たなかった農民たちは、たいそう喜びました。

そして、農業にいっそう精を出すようになり、佐敷では豊作が続いたのでした。

これにより民の信頼を得た佐敷按司《さしきあじ》は、
ついには琉球王の座につくこととなり、全土を統一していったのです。

琉球は、むかしから武器を持たない国です。

戦で勝ちとった腕力で「王」になるのではなく、
民の信頼を得て、はじめて「王」になれるのです。

そんな「琉球の魂（ココロ）」……こそが、「神のルール」なのです。

そして、
それは琉球人にのみならず、
すべての人間の心にあるもの……でもあります。

「神のルール」とは、
「アタマで理解する」類いのものではなく、

「自分の心」に聞けばわかるものなのです。

つまり、

「自分の心」に、すなおになること……こそ、
「神のルール」に従うことなのです。

神の眼差し

もしも「自分が神」だったら、どうしたいですか？
もしも「自分が神」だったら、なにを望みますか？
もしも「自分が神」だったら、どんな世界にしたいですか？
もしも「自分が神」だったら……。

あなたは、自分を何者だと思っていますか？

ここまで読んできて、もし「自分を神」と思えないのなら、
もう一度さいしょから、本書を読みなおしてください。
そして「自分が神」と思えるようになったら、読みすすめてください。

でも、じつは、
「神」かどうかなんて、ほんとうはどうでもよいことなのです。
あなたがどんなに否定しようとも「自分が神」なのですから……。

人間は、たとえ「自分は、人間じゃない！」と否定することがあったとしても、
人間のままです。

「どのような人間か」……を問うことはあっても、
人間が、
人間ではなくなることはありません。

そして、地球は5次元となり、

人間は「神」へと進化したのです。

というよりも、

もともと「神」だった人間が、
ふたたび「神」にもどったのです。

いままで「神」と崇められてきた存在は、
人間あってこその「神」でした。
人間がいなければ「神」もまた、存在できないのです。

人間がつくった「神」は、
人間を対象とした「神」であるがゆえ、
人間がいなくなれば「神」も、存在意義をなくして……いなくなってしまうのです。

では、「５次元の神」とはどういう存在でしょうか？

いままでの世界の「神」は、
「人間をうつしだした、理想の存在」でした。
つまり、そこに「うつしだされた神」は
「人間の心」なのです。

「人間の心」とは、「目」です。

「目」を
「外側」に投影したのが
「神」なのです。

そうです。

「神」とは
「人間の目」なのです。

「外側」に

「神」を
「見て」いるのなら、
その、（外側に・神を・見て）いる……。

「目」こそが
「神」なのです。

ややこしいかもしれませんが、

「神」を
「神と見る」
「目」こそが、
「神」なのです。

「目」がなければ、
「神」は

「見え」ません。

人間が「見なければ」「神」は、存在できないのです。

5次元は「外側」に投影することなく、
自分をじかに「神」として「見られる」世界です。

僕が小学校のとき、輸入車がブームになりました。
ポルシェ、フェラーリ、ランボルギーニ……名だたる高級車に、
僕をはじめ男の子たちは魅了されていったのです。
なかでも僕は、ポルシェに魅かれました。

大人になってからも、
街でポルシェを見かけるたび「いつかは、乗りたいなぁ」と憧れていました。

そしてあるとき、
知人がポルシェを所有していると知って、乗せてもらうことにしたのです。

念願かなって、僕はポルシェに乗ることができた……わけですが、そのときに「そうか」と、気づいたことがあります。

それは、僕が崇拝していたのは、「外側から見たポルシェ」……だったということです。

自分がポルシェ（の内側）に乗ると、当然（外側から）ポルシェは見えません。ポルシェが走っているのを（外側から）見て「カッコいい！」と感じたわけですが、ポルシェに乗って（内側から）眺めたとき、それほどカッコいいとは思えなかったのです（笑）。

一般的に、人間が見ている「神」とは、外側から見た「神」を指しています。

そして、

自分（内側）が「神」になると、
「神」が見えなくなった（ように）感じてしまうのです。

しかし、

「神」とは
「目」です。

それも、

自分の「目」だけが「神」なのではなくて、
すべての人の「目」が「神」なのです。

そこが、「ポルシェのたとえ話」とは違うところです。

言うなれば、

ポルシェ（の内側）に乗りながら、
ポルシェが外側にも見える……感じでしょうか。

「自分が神」でありながら、かかわる人も、
「すべてが神」なのです。

それが、5次元のおもしろいところです。

3次元では、

「自分が神」なら
「そうでない人」への
「慈悲《じひ》」が出てきます。

が、5次元では、

「すべてが神」ゆえに、
「慈悲《じひ》」ではなく、
「慈愛《じあい》」となるのです。

「自分を神」として敬《うやま》い、またおなじように、
「他人も神」として、愛する世界なのです。

「すべてが神」であるがゆえに、
「自分」が見下すことも、へつらうこともなく、
「平等な神」として……関わってゆくのです。

「神」としての
「目」で
「見る」とき、

本来は同情したり、助けたりする必要はないのです。

なぜなら、

すべての人が「神」で、
ほんとうは「自分で」なんでもできるのですから……。
「自分にも、神のチカラがある」と、認めてあげるだけでいいのです。

３次元では、人間の「助けあい」こそが「愛」と思われてきました。

たしかに一理あるかもしれませんが、
やりすぎると……その人が秘めているチカラを、
奪ってしまう可能性も出てきます。

「手をさしのべる」というのは本来、
その人を「助ける」のではなく、
その人に「神としての能力を」「思いだしてもらう」ことを意味するのです。

「誰かに、助けをもとめる」ことは、
「自分の、能力を封じこめる」ことに繋がりかねません。
「誰かに、助けてもらう」のではなく、
「自分は、神だと自覚する」ことが大切なのです。

人間が個人的に「悩む」ことができるのは、
「自分は、神ではない」という思いこみあってこそ……です。

「神」に、個人的な悩みは存在しません。
「神」は、つねに全体意識を持って、
「愛と調和」にもとづいた行動をとるからです。

ひとり一人が「愛と調和」を考えて行動するとき、
世界中に「愛と調和」のハーモニーが流れだし、
世界が「ひとつの愛」という意識で満たされます。

「神」と自覚して、
「神」のまなざしで、
世界を「見る」とき……そこに、天国があらわれるのです。

神の運命

「運命」ということばから、どんなイメージを思い浮かべるでしょうか？

川のように、大いなる流れがあって、
それに沿って、人は導かれている。

だから、
運命には逆らわずに、
流されるままに生きていく……。
僕は、そんなふうに思っていた時期があります。

やることなすことすべてが裏目にでて……うまくいかなかった時代、
「いつかは、良くなるはず……いまはあきらめて、運命に任せよう」
そう思っていました。

川の流れに逆らって泳ぐよりも、
川の流れどおりに流されていったら、
そのうち大海にたどり着ける……そんなふうに、捉《とら》えていたのです。

それなので、
たとえイヤなことがあっても「これも運命だ」とあきらめることで、
気持ちを切りかえてきたのです。

その境地でいたからこそ、
僕はおかしな方向に傾くことなく、

タンポポおじさんの元に辿り着けたのだと思っています。
だから、グレなかった過去の自分を、ほめてあげたい気持ちです。

「過去」は、ただの出来ごとです。
「いま」輝くことで
「過去」が輝きに変わるのです。
「過去」は
「未来」の延長にあります。
「いま」が輝くことで
「未来」が栄光になります。

栄光の「未来」の先に、輝く「過去」が待っているのです。

それが……、

5次元に移行して、僕の身に起こったことです。
5次元は、

「運命しだい」ではなく、
「自分しだい」なのです。

そして、驚くことにその「運命」さえも、
自分がコントロールできるのです。

「運命までぜんぶ、目が握っている」

と、タンポポおじさんは言います。

「運命」は「命を運ぶ」と書きます。

「目」は
「神」であり
「創造主」です。

「目」が

「見た」ものが
「創造」されるのです。

「目」が
「見た」ところに向かいます。つまり、
「目」が
「見た」ところに、
「命」を
「運んで」いくのです。

「運命」とは、
「自分」が
「見た」人生なのです。

「人生」を、あなたはどのようにとらえていますか？
「人生は、修行だ！」と思っている人は（文字どおり）

「修行」となるような出来ごとを、
「見る」はこびとなり……そしてまた、
「修行」となるような現実を生みだしてゆきます。

「人生は、学びだ」と思っている人は、
学びとなるような出来ごとや人を引き寄せます。

「人生は、波瀾万丈だ！」と思っている人は、
そのとおり……刺激的な人生を、あゆんでいきます。

僕のばあいは、

「人生は、ウケねらいだ！」

と思っていたので、すべての出来ごとを、笑いのネタにしています。

すべての人が、

「自分」の価値観で、人生を
「見て」いるのです。

そして、

「見た」とおりの人生を生みだして、
「自分」でつくった
「運命」の流れにそって、生きているのです。

これが「運命」のタネ明かしです。

だとしたら……あなたはこれから、
なにを「見」ますか？
どんな人生を
「見」て、
「運命」の計画をたてますか……？

「目」が
「神」であることを認めて、
「神」の

「目」で生きはじめたとき。
「神」の
「運命」が、はじまるのです。

神との対話術

これまで、多くのマスター……能力者と呼ばれる人たちが、
「神」から啓示を受けたり、
「神」と対話したことを本に綴《つづ》ったりしてきました。

彼らはみな「選ばれし者」として、特別視されてきたのです。

が……。

「神」が万能というならば、なぜ、
「神」はすべての人に直接語りかけてくれないのでしょうか？

「神」と対話するためには、
「選ばれし者」になる必要があるなんて、
おかしなことだと思いませんか？

「神は、すべての人に語りかけている。
神が、いつ語りかけるか……ではなく、
（人間が）いつ耳を傾けるか……なのだ」

と、となえる人もいます。

たしかに、理にかなった回答です。

どんなに「神」が語りかけても、
聞く耳をもたない人にメッセージは届きません。

すべては、

「神しだい」ではなく、
「自分しだい」なのです。

では、「耳を傾ける」とはどういうことでしょうか？
「神」に質問をして、答えをじっと待っていればいいのでしょうか？

じつは、そこがポイントなのです。

「神」に質問する。
「神」にたずねる。
「神」に問う……。

いろいろな言いまわしかたがありますが、いずれも、
まるで「自分以外に神がいる」かのような表現です。

が、

「神」とは
「自分」です。

「神」に向かって問いかけるのではなく、
「自分」に向けて問いかけるからこそ、
「神との対話」なのです。

「自分」に問いかけたことは、必ず
「答え」がかえってきます。

「答え」はすべて
「自分」のなかにあるのです。

「自分と向きあう」ことイコール、
「自分のなかの神」と対話することだったのです。

僕は、自己探求歴二五年です。

二十代から「自分は、何者なんだろう」と興味をもって、
自分探しの旅をしてきました。

僕は「神」よりも「自分」に興味がありました。

だから、

「神」と対話するのではなく……いつも
「自分に」問いかけてきたのです。

が……方向性はあっていたものの、

この方法のちょっとした「盲点」にハマってしまって、以後、二五年あまりを堂々めぐりに費やすことになりました。

というのも、

「うまくいかなかった」ことを問いかけると、「うまくいかなかった原因」という答えが返ってきます。

そして、

「うまくいかなかった原因」を克服するべく、努力するのですが……残念ながら、「うまくいった」ためしはありませんでした（笑）。

「こんなに努力しているのに、なぜ……？」

僕は問いかけました。
するとまた、新たな課題が出てきます。

こんなことのくり返しでした。


なぜでしょうか？

それは、

「うまくいかなかった」世界から、

「うまくいくように」努力していたからです。


5次元においては「うまくいく」こと自体は明らかです。

が、

「どうして、うまくいかないのか？」という角度ではなく、

「どうしたら、うまくいくのか？」という角度でスタートするのがポイントです。

「どうして、うまくいかないのか？」

と問いかけると、

「自分」という
「神」は、
「うまくいかない」理由をおしえてくれます。

「神」には、良し悪しがありません。
ただ、問いに答えるのみなのです。

そして、

「うまくいかないこと=悪いこと」というのは、その人が、
(うまくいかないこと=悪いこと)と意味づけをして、
「見て」いるだけなのです。

「自分は、どうしたいのか?」という想いを
「自分」に問いかけるなら、必ず答えは返ってきます。

それこそが「神」との対話であり、
また、それをカンタンに行う方法があります。

「悩みごとは、鏡にうつった自分に相談しなさい」

タンポポおじさんは、そう諭《さと》します。
もっといえば、

鏡にうつった自分の「目」に相談すると、
解決策をおしえてくれるというのです。

なるほど、たしかに……。

「目」が
「自分」であり
「神」となると、

（内側から）見ているほうが「神」ということになり、
（外側から）「神」を見ることは不可能だからです。

しかし、鏡をつかえば、

「神」である
「自分」の
「目」を
「見る」ことができます。

これが直接「神」と対話する、いちばんカンタンな方法なのです。

人は、

「相手」の表情や微妙な動きで、
「相手」の心を無意識に読みとっています。

が……。

「相手」の表情を見ることができても、
「自分」の表情は見ることができません。

そこで、鏡をつかうのです。

鏡をつかって対話することによって、
「自分」の表情を……その奥にある、
正直な「心」を見ることができます。

鏡に向かって質問することで、
鏡にうつった「自分」の表情から、
答えがもらえるのかもしれません。

鏡……。

カガミ……。

「カガミ」との対話。
「カガミ」から
「ガ」をとったら
「カミ」、

「カミとの対話」です。

「神」として鏡に向かうとき
「我」が無くなって
「神との対話」になるのです。

第4章

振《ぶり》慶《き》宮《なあ》物語

神の山

「山が、欲しいなぁ」

一〇歳のとき、タンポポおじさんはそう思いました。

前項でお話ししたとおり、タンポポおじさんは
「絶対に、世界一になる！」と決めて学校にはいりました。
だから「字を書かない」と決めたあとも、
「世界一になる」ための勉強には、手をぬかなかったのです。

とにかく、

「世界一になる」ためのアンテナを張っては、
「世界一になる」ための情報にも敏感になっていました。

そんなある日、

タンポポおじさんは親戚の畑しごとに駆りだされました。

そこは沖縄北部にある「羽地《はねじ》」という村で、

農作業を手伝っていると……大人たちのうわさ話が聞こえてきました。

「あの山、すごいらしいよ。なんでも、むかしは金《きん》が採《と》れたらしい……」

話題となっていたのは、羽地にある「振慶名山《ぶりきなやま》」です。

「そんなにすごい山なら、欲しいなぁ……」

タンポポおじさんはふと、そう思いました。

「そんなにすごい山だったら、きっと、世界一のことができるに違いない」

そう閃いたのです。

それから、ときが流れること七〇年……。

タンポポおじさんは農業をするため、
風の当たらない農地……山を、さがしていました。

ブローカーに案内されるまま、各地をまわっていると、
名護《なご》市の山にさしかかったところで突然、男の神さまがあらわれました。

そして、

「手に入って、よかったね～」

と、まだ「買う」とも決めていないタンポポおじさんに、声をかけてきたのです。

すると、タンポポおじさんは「神さまに言われたから」との理由で、購入を即決してしまいました。

山をどう活用するかは、まだなにも決まっていませんでしたが……。

「あのなぁ、この山には神さまがいるんだよ。だから、なにかあるんだよ。宝物が隠されているのかも……しれないね」

僕を山に連れていったとき、タンポポおじさんはそんなふうに言いました。

宝物……と言っても、単に金目のものではなくて、「もっとなにか、すごいものなんだろう」と僕は思いました。

「数年後には、世界じゅうからここに、たくさんの人が集まってくる。それまでは、準備期間だな」

山からの帰りみち、そんなふうにも言われました。

ほどなくして、草を刈って、

竹やぶを切りひらいては「道をつくる」作業が開始されました。

僕は、

「遺跡や、めずらしい植物が出てきたらいいなぁ」
「さんぽ道をつくったら、観光客がよろこぶかなぁ」

とワクワクしながら、道づくりに励んでいました。

そして……。

「わるいけど、こっちを手伝ってくれない?」

ある朝六時、タンポポおじさんから電話がかかってきました。

タンポポおじさんの住む八重瀬町《やえせちょう》は沖縄南部にあって、僕のいる名護市からは、高速で一時間ほどの距離に位置しています。

「わかりました。いまから向かいます」

僕はすぐに着替えて、八重瀬町へと向かいました。

山の秘密

「土地が返還されたから、畑をつくろう。手伝ってくれよ」

タンポポおじさんの所有する土地は、八重瀬町《やえせちょう》で区画整理の対象となっていたのですが、整理が終わって返還されたのです。

「この土地は宅地にしますか？　農地にしますか？」

役場の人にそう問われたさい、タンポポおじさんは迷わず「農地」と答えました。

すでにニュータウン化していたこともあり、
まさか畑をやると予想していなかった役場の人は、少々面食らったようです。
「たしかに、こんな住宅街のど真ん中で畑をやったら、目障りだろうなぁ」
そういって、タンポポおじさんは笑いました。
そしてその日から、二日にいっぺんは八重瀬町の畑を手伝うことになりました。
あっというまに年が暮れ、翌年には畑にプレハブを設置して、
毎朝タンポポおじさんとミーティングをひらきました。
畑の外側にフェンスをもうけたり、
畑を区分けして、クルマが入れるように道路をつくったりもしました。
そして、タンポポおじさんはいつも、
「名護の山には、なにか意味があるはずだけどなぁ……」

と、言っていました。

「そうですよね。もしかしたら、新種の植物が見つかるかもしれませんね」
「そうかもしれんな。古代遺跡がのこっているかもしれないし、な」

例の山に、なにがあるのか？
タンポポおじさんと一緒に想像しては、楽しんでいました。

やがて、
八重瀬町の畑にまいたヒマワリの種が、芽を出して育ちはじめました。
そうして少しずつ、タンポポおじさんの畑はにぎやかになっていったのです。

そんなある日のこと。

「タンポポおじさ〜ん、調べてきましたよ〜」
と、知りあいと思《おぼ》しき女性が、資料を抱えてやってきました。

「そうか、ありがとう」

タンポポおじさんがニッコリ迎えます。

「ええと、あの山はですね……」

着いて早々、女性は話しはじめました。

どうやらタンポポおじさんが依頼して、
例の山のことを調べてもらったようなのです。

女性が「資料館で写し書きしてきた」というメモを取りだすと、
タンポポおじさんは、しばらくそれを眺めていましたが……。

「そうか、わかった」

と、急につぶやきました。

「えっ？」

思わず聞きかえすと、

「あの山だよ。名護で買った、あの山は……俺が一〇歳のときに欲しいと思った、振慶名山《ぶりきなやま》だったんだ」

そういって、タンポポおじさんはメモを差し出しました。

七〇年目の思い

メモには、山の由来が書かれていました。

「振慶名《ぶりきな》」というのは

「開墾《かいこん》」を意味することばであり、

そのむかし……。

今帰仁《なきじん》の※祝女《のろ》から、
羽地《はねじ》の我部祖河《がぶそか》の祝女へと、あたり一帯の土地が譲りわたされました。

そこにあった集落の名前こそ「振慶名《ぶりきな》」であり、
そこらじゅうに岩がゴロゴロ転がっているような土地だったそうなのです。

タンポポおじさんによれば、

「大むかしの津波で、陸に打ちあげられた岩だったのだろう」ということでした。

その岩をとりはらって……羽地ではじめて、田んぼへと開拓したことから、
「振慶名《ぶりきな》」という名前がつけられたのだ、と資料にありました。

そこに鎮座しているのが「振慶名山《ぶりきなやま》」だったのです。

「へぇ〜……。そんな謂《いわ》れのある山なんですね。
でも、どうしていままで気づかなかったんでしょうね？」

僕がたずねると、

「合併だよ。振慶名山《ぶりきなやま》のあるところは、むかし羽地だったんだ。
でも、いまは合併して名護市になっているから……わからなかったんだ」

「なるほど」

「一〇歳のとき、
〝振慶名山《ぶりきなやま》では、金《きん》も採掘されていた〟という……大人たちのうわさを聞いてから、
そんなにすごい山なら、欲しい！　と、願っていたんだ。
だから、ブローカーといっしょに山をまわっていたとき、
〝手にはいって、よかったね〜〟と、神さまが出てきてくれたんだね」

このところの出来ごとがようやく繋《つな》がって、タンポポおじさんは嬉しそうでした。
それにしても、一〇歳で「山がほしい」だなんて……タンポポおじさんの感性は、やはり、ずば抜けています。そして、

「あの山が手に入ったということは、大きな意味があるはずだと思っているよ」

とも言いました。

「そうですね。それにしても、一〇歳で思ったことが七〇年後にかなうなんて……。すごいですよね」

「そうだなぁ、七〇年という節目だものな。
ただごとではない、なにか……おおきな意味があるはずだよ」

一〇歳で山が欲しいと願い、
それがちょうど七〇年後にかなうなんて……まるで、物語のようです。

「じゃあ、また来週にでも振慶名山《ぶりきなやま》にいってみよう。
ここからまた……なにか、はじまっていくかもしれない」

タンポポおじさんはあらためて、振慶名山《ぶりきなやま》になにかを見出したようでした。

※祝女《のろ》……沖縄と鹿児島・奄美《あまみ》群島における、
　女性の祭司・神官・巫《かんなぎ》。琉球王国の時代、各地に配置された。

永遠の夜明け

「振慶名山《ぶりきなやま》にいらっしゃるのは、男の神さまなんだ。
いまの時代に必要があって……お姿をあらわしてくださったのだと思う。
あのお方は、平和の神さまなんだよ」

「そうなんですね。平和の神さまって、男なんですね……」

「そう、身長は一八〇センチくらいあって、ラグビー選手みたいに体格もいい。おまけにハンサムなんだよ。人間でいったら……五〇歳くらいかな？」

「えっ、神さまって、白髪のおじいさんじゃないんですか？」

「いいや、ちがう。この山の神さまは若くて、髪もスポーツ刈りでカッコいいんだよ」

「へぇ……」

僕は感心してしまいました。世のなか、知らないことだらけです（笑）。タンポポおじさんと話していると、なおさらでした。

「あの神さまを祀《まつ》るところを、つくらんとな」

タンポポおじさんがそう提案したので、
僕たちは「平和の神さま」を祀《まつ》るための石碑を建てることにしました。
「せっかくなら、鳥居もつくったほうがいいな。
神さまのお住まいなのだし……それなりのものにしたいなぁ」
と、タンポポおじさんのアイデアは膨らんでいきます。
そして……最終的には、りっぱな鳥居と祠《ほこら》を設けることで落ちつきました。
見積もりをとってみると、けっこうな金額になったのですが、
「これでいいよ。このくらい立派な祠をつくったら、神さまも喜ぶだろう」
と、タンポポおじさんはあっさりオーケーを出しました。
「最近わかったのだけれど、
振慶《ぶりき》名山《なやま》は……世界へ、平和のエネルギーを流すところなんだ」

タンポポおじさんがつづけます。

「そうなんですね。（エネルギーの）起源は沖縄……とよく言いますけれど、中心地は、振慶名山《ぶりきなやま》だったんですね」

「そのとおり。だから、少しくらいお金をかけても、きちんとお祀りすることが大切なんだよ」

タンポポおじさんが、うなずきました。

「それでな、祠《ほこら》は西にむけて建てなさい」

「西……。方位にも、なにか意味があるんでしょうか？」

「もちろん。西はな、永遠の朝なんだよ」

「永遠の、朝……？」

「そう。そこから、ひとりで世界にむけて祈るんだよ。

世界を相手にひとりで祈るって、すごいことだろう？」

「みんなといっしょに……ではなくて、ひとりずつ祈るんですか？」

「そうだ。そしたらな、振慶《ぶりき》名山《なやま》の神さま……平和の神さまも、
いっしょになって祈ってくださる。するとな、祈りが世界にひろがるんだ」

「なるほど……。

神さま〝に〟祈るのではなくて、
神さま〝と〟

いっしょに、世界平和を祈るのですね」

「そのとおり。だから、すごいんだよ」

僕は、目から鱗《うろこ》がおちたような思いがしました。

いままでは、

「なにかを、祈る」ことは、

「神さまに、お願いする」ことだと思っていましたが……。

5次元と化した世界では、上も下もなく「みんなが神さま」なのです。

「人間」と、

「神」。

「見える神さま」と

「見えない神さま」、

「ごはんを食べる神さま」と
「ごはんを食べない神さま」。

そんなふうにも、言いかえられます。

人間は、
「声」という
「音の波動」を出すことができます。

神さまは、その
「音の波動」を世界にひろめることができます。

「神」と「人間」、

どちらも「神さま」どうしであるである存在の……共同作業なのです。

できるところから

できることを考えて
できることからやっていく。

タンポポおじさんは、悩んだり立ち止まったりすることなく、
いつも「できること」をやっていきます。

そのタンポポおじさんが、

「世界じゅうに、平和で豊かな民が溢れますように」と祈りを込めて築いたのが、
「振慶宮《ぶりきなあ》」という、神さまの祠なのでした。

ここからの祈りが、やがては世界じゅうに広がってゆき、
永遠の朝……つまり、世界が
永遠の夜明けを迎えるというのです。

「ここはな、世界を相手に、ひとりで世界平和を祈るところなんだ。
だから……その功徳は、とても大きい。

まっさきに祈った人が、平和と豊かさを手に入れられるんだよ」

そう、タンポポおじさんは話します。

祈りにきた人も、ひいては、
世界をも、豊かにする場所をつくることができて、
タンポポおじさんは嬉しそうでした。

そして、

「世界が、平和で豊かになりますように……」

という願いとともに、日々をおくっています。

第5章

タンポポおじさんと、それからのこと

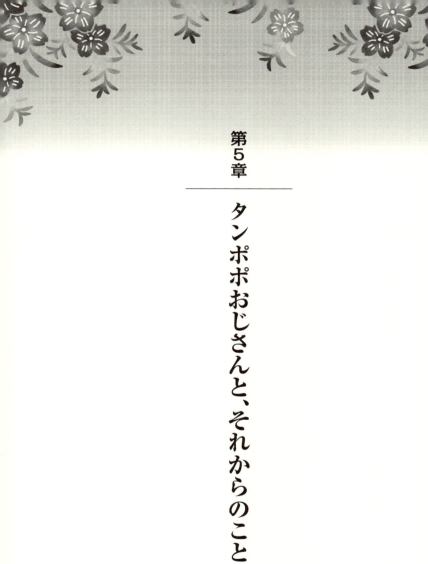

タンポポおじさんとは？

「あのなぁ、
俺が、タンポポと話せるわけじゃないんだよ。
タンポポのほうが、俺と話せるんだよ」

タンポポおじさんはそう言います。

いまから三〇年以上前、
タンポポおじさんは故・船井幸雄《ふないゆきお》さんの書籍に

「タンポポと話せるおじさん」

として掲載され、全国的にその名を知られるようになりました。
船井さんが、タンポポおじさんを称賛するコメントを書いたのです。

それからというもの、しばらくのあいだ、
タンポポおじさんのもとには毎日……日本じゅうから
三〇～五〇人もの人々がつめかけたといいます。

では、その「タンポポおじさん」とは？

ここで、由来となったエピソードをお話ししたいと思います。

そのころ、タンポポおじさんは川崎の会社につとめていました。
休憩時間には、ちかくの多摩川まで歩いてゆき、
土手に腰を下ろしては、川むかいの東京の景色を眺めていました。

するとある日、

「おじさん」

と、少女の声に呼ばれました。

が、うしろを振り返ってみても、誰もいません。

立ち上がって、あたりを見まわしてみましたが……やはり、誰もいないのです。

「おかしいなぁ……」

タンポポおじさんが首をかしげていると……ふと、足もとに一輪のタンポポが咲いていました。

「こんなところに……タンポポさん、綺麗だねぇ」

思わずつぶやいた瞬間、

「やっと、気がつきましたね」

と、さきほどの声が聞こえてきました。

「えっ、まさか……おまえが、しゃべっているのか？」

タンポポおじさんは、まじまじとタンポポを見つめました。

「私は、ずっと前から、しゃべっていましたけれど……」

少女の声でそう、タンポポが返しました。
それからひとしきり会話したものの、
まだどこか半信半疑だったタンポポおじさんは……ある質問を投げかけてみました。

「じつは、俺の友だちが円形脱毛症で悩んでるんだ。どうやったら、治せるのかな？」

するとタンポポは、

「そんなの、カンタンだよ」

と、さまざまな植物の名まえをあげはじめました。

さらに、それらを調合して、自然薬をつくる方法もおしえてくれたのです。

さっそく作って友だちに試してもらったところ、ほんとうに髪の毛が生えてきて、タンポポおじさんは心底驚きました。

そして、タンポポを全面的に信頼して、いろんな話を聞いたそうです。

「だから、タンポポのほうが、俺にあわせて……話してくれているんだ。俺がえらいわけじゃなくて、タンポポがえらいんだよ。

タンポポはな、子どもたちと仲よしだから、子どもたちと接するなかで、人間のことばを覚えたんだ」

「子どものころから、植物に話しかけていた」というタンポポおじさんだからこそ、成し得たエピソードなのかもしれません。

それから……

さいしょに、個人出版で『わたしは王』をリリースしたときのことです。

「俺が本にパワーを入れるから、大丈夫。
みんなエネルギーに引き寄せられて、手にとってくれるはずだよ」

というタンポポおじさんの助言どおり……無名にも関わらず、
僕の本は、どんどん売れていきました。

まさに、奇跡です。

が……本当の奇跡は、本を出してから半年後にやってきました。

そのとき、離婚してまもなかった僕は、

「結婚は、もうこりごり……」と思っていたのですが、
タンポポおじさんは、どういうわけか「結婚しなさい」とすすめてきます。
が、仮に僕が「結婚したい」と思ったところで、
相手がいなければできません。

「本をキッカケに、出会いがあったりして……」

と、一瞬期待もしましたが、
僕が「いいなぁ」と思う女性は、もれなく既婚者でした。

それでも毎日、タンポポおじさんは「結婚しなさい」とあおってきます。
僕がアセっていた……ちょうどそのとき、
タンポポおじさんの奥さんがアドバイスをくれました。

「あのねぇ、自分のなかにいる……全知全能の神さまに、お願いしなさい。

全知全能の神さまにむかって、

〝僕の波動にあう人、来なさい〟って、命令したらいいのよ」

そう言われて、僕はハッとしました。

「自分の波動にあった人が、いつか来るだろう」

と、漠然とは思っていたのですが、

待っていたところで、来るはずがないのです。

『わたしは王』を書いた本人が、

「王」ではなく受け身の、

「家来」になり下がっていたのです。

僕は帰宅後、さっそく鏡の前に立って、

「僕の波動にあう女性よ、はやく来い！」

と、命令しました。

すると……その日の夜に、一通のメールが届きました。

差出人は（以前）タンポポおじさんのお話会に参加した、大阪の女性です。

さいしょは「本や、セミナーへの質問かな？」と思っていたのですが、

どうやらそうではなさそうです。

そもそも、彼女は僕が本を書いていることすら、知りませんでした。

では、どうして連絡をよこしてきたのか……？

聞けば、

「アイス・カフェラテを淹れてくれたから」

と、言うではありませんか。

当時、僕は移動式のコーヒー販売をやっていて……タンポポおじさんのお話会にも、よく出店していました。
そのさい、彼女がカフェラテを注文したタイミングで牛乳を切らしてしまい、あわててスーパーへ調達しにいったことがあったのです。

「牛乳がないなら断ればいいのに、わざわざ走って買いにいったから……印象にのこっていました」

というのです。

5次元のことならいざ知らず、僕は、自分のことを話すとなると……とたんに照れてしまうのですが、気がつけば、毎日メールで会話していました。

やがて電話で話すようになり、いつのまにか、僕は彼女のことが好きになってしまいました。
そしてあるとき、

「結婚しようか？」

と、思わず言ってしまったのです。すると、

「いいよ」

と、二つ返事で彼女がこたえました。あまりに躊躇《ちゅうちょ》なく返してきたので、

「冗談と思われているのかな……？」と心配になりましたが、

「いつ、結婚する？」

と、彼女に聞かれて、

「じゃあ、僕の誕生日」

と答えました。

なんと、電話とメールのやりとりだけで、結婚が決まってしまったのです。
はじめてメールがきたのは3月、僕の誕生日は5月……つまり、
知りあって二ヶ月足らずの、スピード婚でした。

「えっ、そんなカンタンでいいの……？」

と思うかもしれませんが、

僕が、自分のなかの〝全知全能の神さま〟に命令した結果、
やってきた女性でしたので……「まちがいない」と確信していたのです。

彼女もまた「人の本質を見ぬくチカラ」を持っていたので、
僕のなかに「なにか」を見出したのかもしれません。

彼女の父方のおばあちゃんは沖縄出身で、その甥にあたる人が「霊能者をしている」と知って沖縄をたずねたのが、そもそものはじまり……とのことでした。

が、その甥っ子（彼女にとっては親戚のおじさん）にあたる、霊能者の詳細はわからず、片っぱしから調べていたさい、タンポポおじさんをネットでみつけて「この人かも！」と、お話会に申しこんだというわけなのです。

結果的には、タンポポおじさんは親戚ではありませんでしたが……。

「あんたは、なんでもできるから大丈夫よ」

と、タンポポおじさんに太鼓判をおされた彼女は、

「はい」

と、すなおにことばを受け入れ、喜んで大阪へと帰っていきました。

ふつう、「なんでもできるから」と言われても、
謙遜《けんそん》して「いえいえ」と言ってみたり、
あるいは「お世辞かな」と、流す人が大半かと思います。

が、彼女はそのどちらでもなく……言われたままを受け入れて、
すなおに喜んだのです。

僕もタンポポおじさんに「天才だ」と言われて、すなおに喜んだからこそ、
本が書けたのです。

そういうわけで、
僕らはやはり似たものどうしというか……おなじ波動だからこそ、
引きあったのだと思います。

ちょうどそのとき、
僕は（個人出版としての）『目《め》の真力《まりょく》』を執筆していました。
表紙のデザインに悩んでいたので、

「よかったら、絵を描いてくれない？」と、彼女に相談しました。

すると彼女は「朝方、ひらめいた」というロゴマークを、
すぐに送ってくれました。
ロゴマークを目にした瞬間、僕は即、採用を決めました。
リクツぬきに、魅かれるものがあったのです。

そして、僕はタンポポおじさんに紹介するべく、彼女を沖縄へと招きました。
タンポポおじさんは彼女を見るなり、

「良かったねぇ。
俺のかわりに、おまえのケツを叩いてくれる人が現れたねぇ……」

と言って、とても喜んでくれました。

そして、『目《め》の真力《まりょく》』の表紙を見せると、

「すごいねぇ。これは見ているだけで、夢が叶う絵だよ」

と、感心しているようでした。

「意味はわからないのですが……こんな絵になったのです」

と、彼女……妻が言うと、

「そうだろう？　だからいいんだよ。

意味がわからないのに描いたから、すごい絵になっているんだ」

と、ニッコリしました。

そのときあらためて、

僕は「すごい人を引き寄せたのかもしれない」と感じました。
タンポポおじさんに出会っていちばんの奇跡は、妻と結婚できたことです。

離婚後は「一生、独身をつらぬく！」と決めていましたので、
タンポポおじさんご夫妻のアドバイスがなければ「再婚したい」と思うことも、
妻を引き寄せることもなかったと思います。

「どうせ、僕を理解してくれる人なんて……」と諦めていたのに、思わぬ展開でした。

僕を、僕以上に理解してくれる妻と出会えたことは、
奇跡以外の何ものでもありません。

それから、それから……

僕は、結婚できただけで幸せでした。

そして、本の販売やセミナーに明けくれる生活から、「ふつう」の暮らしへとシフトしていきました。

そんななか、大阪に移住して一年たったころ、夫婦そろってタンポポおじさんを再訪したときのことです。

「もう、大丈夫」

唐突に、タンポポおじさんが言いました。

「えっ？」

キョトンとする僕に

「『わたしは王』を、出版社から出してもいい時期にきているよ」

と、タンポポおじさんが続けたのです。

そんなことを言われたのは、はじめてでした。

いままでは、とにかく「できるところから、どんどん書いていきなさい」と、「執筆に専念するよう」言いつけられていたのです。


それで、僕は原稿を書いては個人で印刷を頼み、製本したものをコツコツ手売りしてまわっていたのですが……。

こんどは「出版社から」と言われて、心底驚きました。

すると、タンポポおじさんが妻に向かって、

「これからはな、あんたが光夫さんの本にエネルギーを入れてあげなさい。できるだろ？」

と言いました。


すると妻は「はい」と、ためらいもなく返したのです。

僕は心のなかで「そんなことが、できるんだ！」とビックリしていました。

が、日ごろから、妻の助言に従うとオモシロい展開になることも多く、なんだか納得するものがありました。

そう言うと本人からは、

「私に特別な能力はない。ただ、想いを込めているだけ。誰にでも、できることだよ……」

と、フラットな答えが返ってきましたが。

さて、兎にも角にも出版社をさがすべく、行動開始です。
僕はさっそく、何社にも売り込みをかけましたが、
結果は思わしくありませんでした。
面会はしてくれるものの、オファーには至らなかったのです。

そしてどういうわけか、おなじタイミングで、

妻が「沖縄に住みたい」と言いだしました。

「えっ、なんで?」と理由を聞いても、

「わからないけど、はやく沖縄に戻ったほうがいい気がする」としか言わないのです。

僕も「いつかは帰りたい」と思っていましたが、

仕事や生活のことを考えると、すぐには踏み出せないでいました。

が、そのあともずっと「沖縄」と妻が言い続けるので、

「これは何かあるのかな」と思いはじめたのです。

そしてついに(意味はわからないけれど)、沖縄へ帰る決心をしました。

すると、まさに『押し寄せの法則』によって、

さまざまな出来ごとが「押し寄せて」きたのです。

住まいも仕事も……なにより、

出版オファーが舞い込んだのには、とても驚きました!

聞けば、知りあいづてにヒカルランドへ原稿が渡り、
たまたま目にした石井社長が
「本にしよう」と言ってくださったというのです。

こうして、トントントントン……とすすんで（！）出版は決まりました。

タンポポおじさん曰く、

「途中までトントン拍子でも、
どこかで止まってしまったら……それは、宇宙の采配ではない」そうなのです。

「流れが味方するときは、さいごまでスムーズにいく」と。

今回、「さいごまでスムーズに」すすめたということは……とりもなおさず、
ヒカルランドとのご縁が本物だったことを証明しているのだと思います。

この本は生きていて、意志をもっています。
この本が出版社を選び、読み手をも選んでいます。

この本を手にとってくださった、あなた。

あなたがこの本を選んだのではなく、
この本があなたを選んだのです。

だから、どうか自信を持ってください。
これは「あなたも天才だ」という、ひとつの証《あかし》です。

この本に選ばれたということは、
あなたも僕とおなじように、
奇跡を起こすチカラを持っている……ということなのです。

この本は「事実をレポート」することよりも、
平和への想いを「波動」として込めることに、重きをおきました。

シロウトっぽい部分もあるかもしれませんが、

リクツよりも「波動」として、
楽しんでいただけましたら幸いです。

「地球に生まれてくるぞ！」
「楽しむぞ!!」

と決めてきた、みなさんの決意……ひいては「想い」を蘇《よみがえ》らせて、
ひとりひとりの持っている「奇跡」を、
琉球につなげることができますように。

世界が平和で豊かになりますように……

ぶりきとは、開拓のこと。

石灰岩が群（ブリ）立っている所で、
そこを開墾（キナ）したことによる、とも解される。

（※開墾とは、山野を切り開いて耕地にすること）

その昔、津波で打ち上げられた岩がゴロゴロしていたのが、
振慶名《ぶりきな》という集落でした。
当時、羽地《はねじ》村の中心にあった一番大きな部落を
今帰仁《なきじん》の祝女《のろ》から譲り受けて、開拓したのです。

振慶名山《ぶりきなやま》には開拓のエネルギーが宿っており、
平和の神様が存在します。

そのエネルギーで世界を開拓するため、
また平和のエネルギーを神様と共に流す目的で、
この崇拝所〔振慶宮《ぶりきなあ》〕が作られました。

ここで大切なのは、
ただ「世界平和をお願いする」のではなく、
「自分が先頭に立って」世界の国々のために、
平和と繁栄を祈ることです。

すると、神様が後押ししてくださるので、
祈った人を先頭に、世界に平和と豊かさがもたらされます。

振慶宮
（ぶりきなぁ）

『目の真力』個人出版時代のカバー

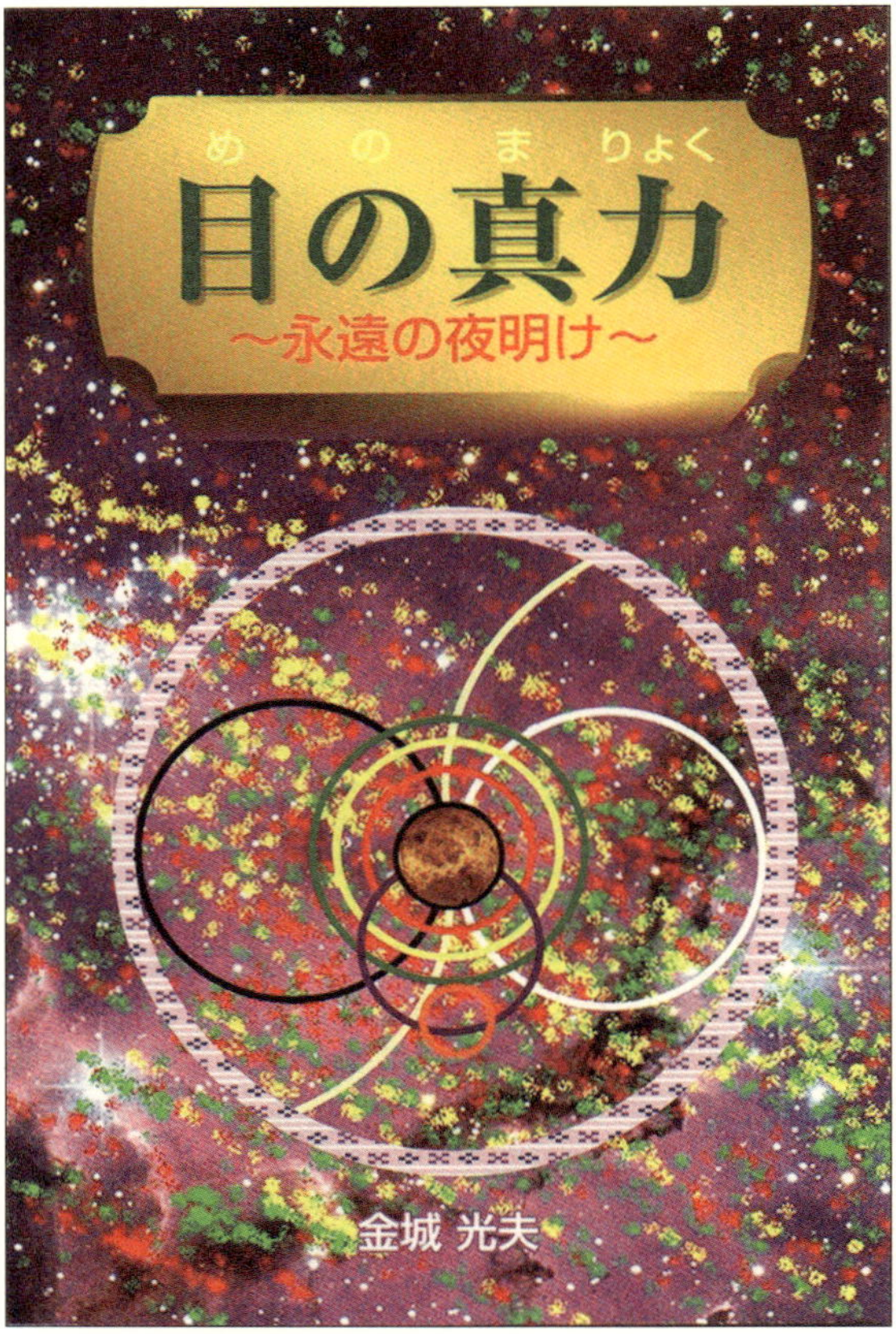

タンポポおじさんが絶賛した、個人出版時代の『目の真力』カバーデザイン。

『わたしは王』で大ブレイク！

金城光夫先生個人セッション

あなたは、魂の叫びを聞いたことがありますか？
あなたは、心の声に耳を傾けていますか？

心は常に幸せで喜びに満ち溢れています。
生まれてから死ぬまで、何かをしてもしなくても、心は常に幸せなのです。

しかし、私たちは生きていく中でいろんなことを考えるようになりました。
生活の知恵で、生活を楽にするためにいろんな発明をしてきました。

私たちに平等に与えられた、頭というコンピュータを使うことで、
人類は進化してきました。
その素晴らしいコンピュータがいつの間にか主役になってしまい、
頭というフィルターを通して心を見るようになったため、
純粋な心が見えなくなってしまったのです。

今、ここで
幸せではないのは、頭の世界を見ているからです。
今、ここで
何も考えずに心を見るのなら、無条件で幸せになれます。

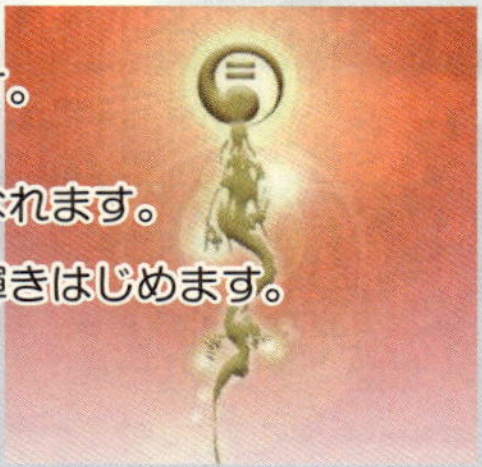

そして魂の叫びを聞いたなら、あなたの存在は輝きはじめます。
そして本来の自分を思い出します。
そう、あなたは元々そうだったのです。

そんなあなたを思い出すために……
本来の自分らしい自分に還るために……

自分らしさに還る旅のナビゲーターとして、
個人セッションを行っています。

「唯一無二」と大好評！
いま、口コミで秘かに話題となっている
金城先生「個人セッション」のご紹介です。

★詳しくは
ＱＲコードから

個人セッション
受付中！
skype やメッセンジャー、電話も可能

金城光夫　きんじょう みつお

琉球スピリット作家。
1967年５月17日、
沖縄県那覇市に難産の末・奇跡の連続で産まれる。
霊力の高い両親と生活する中で、
パラレルワールドとの交信や臨死体験を経験するも、
生まれつきの天然パワーで全く気に留めずに育つ。
母の死後、父親の末期ガンが発覚。介護中に仙人のような
不思議なおじさん：通称「タンポポおじさん」と出会い、
みずからの衝撃的な使命を報らされる。
その後、数年の年月を得て、再びタンポポおじさんを訪問。
畑作業を手伝いながら「５次元」を学ぶ日々が続く。
ある時、
タンポポおじさんに背中を押される形で
「わたしは王」を執筆。
５次元の気づきを体感したことにより、
天使や精霊と遊んでいた幼少期を想い出す。
その後、天使の囁きが聞こえるようになり、
地球に来た意味・もっと楽しむ在り方などを模索中。

目の真力《まりょく》

目で見る想いこそが創造のしくみ

第一刷　2018年11月30日
第三刷　2019年10月1日

著者　金城光夫

発行人　石井健資
発行所　株式会社ヒカルランド
〒162-0821　東京都新宿区津久戸町3-11　TH1ビル6F
電話　03-6265-0852　ファックス　03-6265-0853
http://www.hikaruland.co.jp　info@hikaruland.co.jp
振替　00180-8-496587
本文・カバー・製本　中央精版印刷株式会社
DTP　株式会社キャップス
編集担当　加藤弥絵

落丁・乱丁はお取替えいたします。無断転載・複製を禁じます。
©2018 Kinjyo Mitsuo　Printed in Japan
ISBN978-4-86471-688-8

ヒカルランド　好評既刊！

地上の星☆ヒカルランド　銀河より届く愛と叡智の宅配便

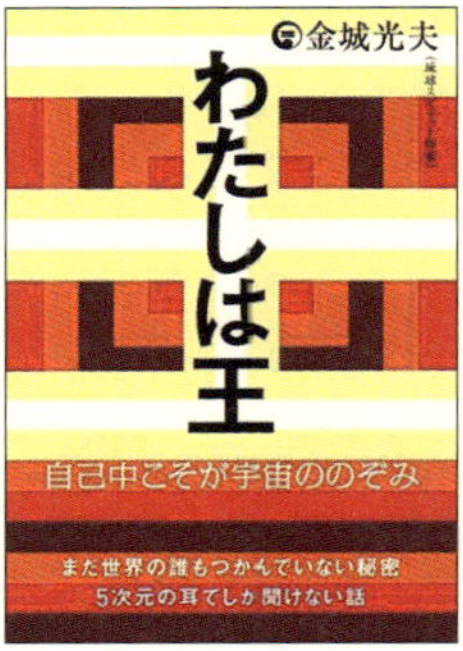

わたしは王
自己中こそが宇宙ののぞみ
著者：金城光夫
四六ハード　本体1,333円+税

目の真力（まりょく）
目で見る想いこそが創造のしくみ
著者：金城光夫
四六ハード　本体1,750円+税

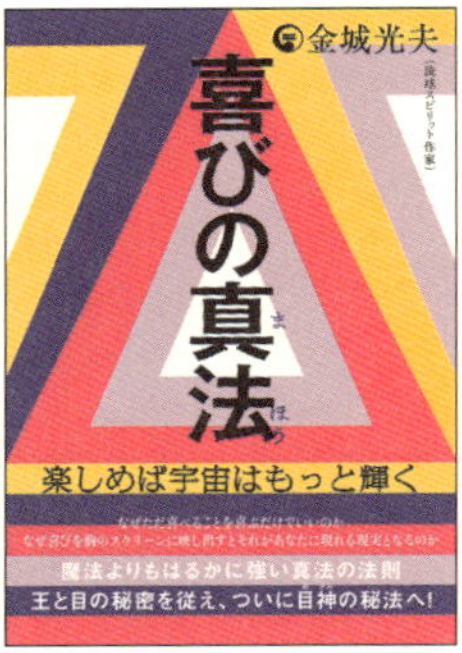

喜びの真法（まほう）
楽しめば宇宙はもっと輝く
著者：金城光夫
四六ハード　本体1,620円+税

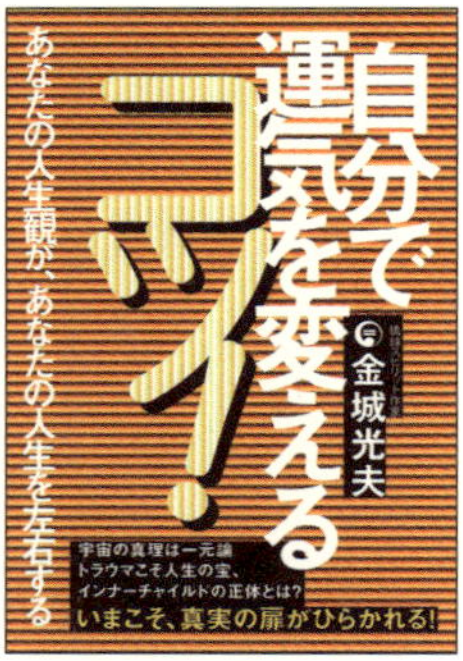

自分で運気を変えるコツ！
著者：金城光夫
四六ソフト　本体1,620円+税

ヒカルランド最速⁉
0.（カンマ）5秒でリリースの決まった、衝撃の3部作☆にして☆
金城先生デビュー作‼
また、最新作『自分で運気を変えるコツ！』は、
“みつお節（ご本人命名）”炸裂の痛快☆読本となっています！

ヒカルランドの書籍、すべて揃っています!

ITTERU本屋

ITTERU BOOKS
イッテル本屋

宇宙の愛をカタチにする出版社ヒカルランドの本を一か所に集めた、超☆宇宙的な書店です！

本と関連している商品や、お気軽にお試しいただける波動機器もズラりと並べております。ゆったりとした木の空間で、思う存分、本が創り出す宇宙に身を委ねていただくことができます。いままで気にはなっていたけれど、出会えていなかった本を手にとってお選びいただける、まさにみらくるな場所！　是非、お越しください。
※不定休。イベント開催時など貸し切りになっている場合がございますので、事前にお電話などでご連絡くださいませ。

神楽坂
ヒカルランド
みらくる
Shopping & Healing

神楽坂ヒカルランド　みらくる　Shopping & Healing
〒162-0805　東京都新宿区矢来町111番地
地下鉄東西線神楽坂駅２番出口より徒歩２分
TEL：03-5579-8948　メール：info@hikarulandmarket.com
営業時間11：00～18：00（1時間の施術は最終受付17：00、2時間の施術は最終受付16：00。時間外でも対応できる場合がありますのでご相談ください。イベント開催時など、営業時間が変更になる場合があります。）
※ Healing メニューは予約制。事前のお申込みが必要となります。
ホームページ：http://kagurazakamiracle.com/

中川　実

シータプラスの開発者。
柔道整復師、鍼灸師、指圧師、読脳セラピー国際講師などの顔を持ち、施術家として30年間活動。「氣の流れ」が見えるようになり、不調の原因が単に肉体的なものに由来せず、生育環境や家系、過去生などさまざまであることに気づく。それぞれの根本治癒と、人類全体の絶対幸福を実現させるために、約5年間を研究と試行に費やす。人間の生体エネルギーが、手足の指先を通じて宇宙と繋がっていることに着目し、高波動エネルギーを発するマニキュア「シータプラス」の開発に成功。スポーツアスリートや、身体機能が低下した高齢者などのパフォーマンスアップに極めて有効であったことから、全国から誘致を受けてその普及に努めている。

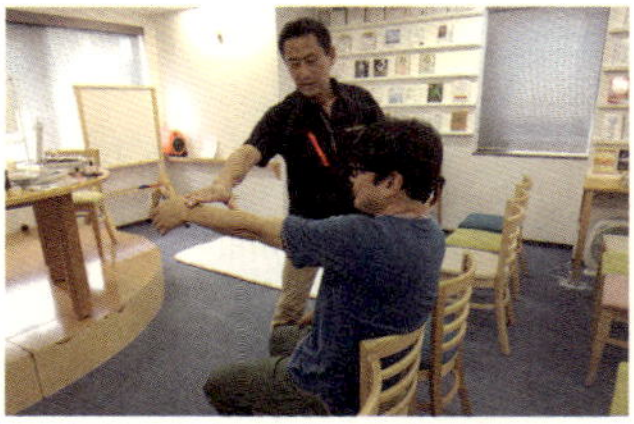

中川先生がリーディングしながら、その方に合わせた施術をします。

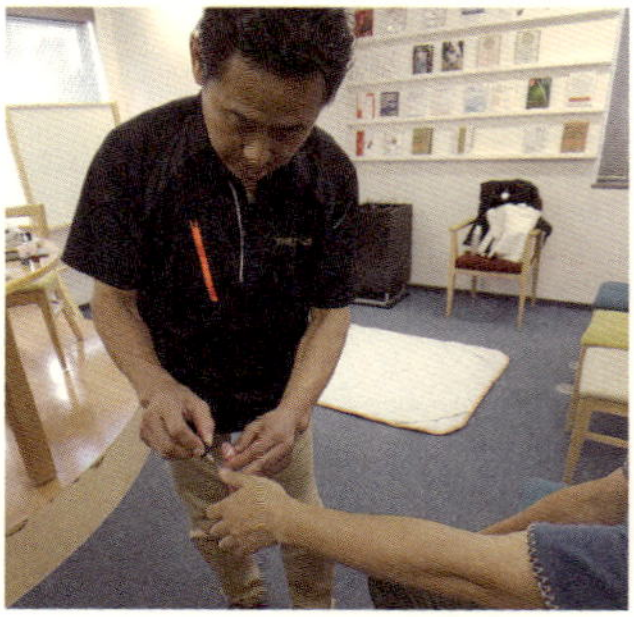

エネルギーが入るべき指にシータプラスを塗り、生命の幹を整えます。

一瞬で宇宙と繋がるシータプラス！

爪は健康状態を映し出すと言われていますが、それと同時に、見えない宇宙生命エネルギーの入り口でもあります。手足の指から入った宇宙エネルギーは上肢・下肢を上行し、内臓、脳などに到達して身体全体を養います。では、エネルギーが滞ってしまったらどうなるのでしょうか？　各指から入るエネルギーの流れに沿った筋肉の機能が低下し、力が入りにくくなります。内臓の機能も低下するため、体の不調の原因にもなってしまうのです。

シータプラスには、中川先生が選び抜いた数々のエネルギー物質が融合し、そのバランスを整えて注入されています。

男女問わず塗ることができるシータプラスで、宇宙エネルギーを身体に取り入れ、本来の軸を取り戻し、心身ともに健康な毎日を過ごしましょう！

ヒカルランドパーク取扱い商品に関するお問い合わせ等は
メール：info@hikarulandpark.jp　URL：http://www.hikaruland.co.jp/
03-5225-2671（平日10-17時）

＊ご案内の価格、その他情報は発行日時点のものとなります。

本といっしょに楽しむ ハピハピ♥ Goods&Life ヒカルランド

～宇宙からの贈り物～
世界初！ 身体を機能させるマニキュア

開運マニキュア

THETAPLUS・シータプラス

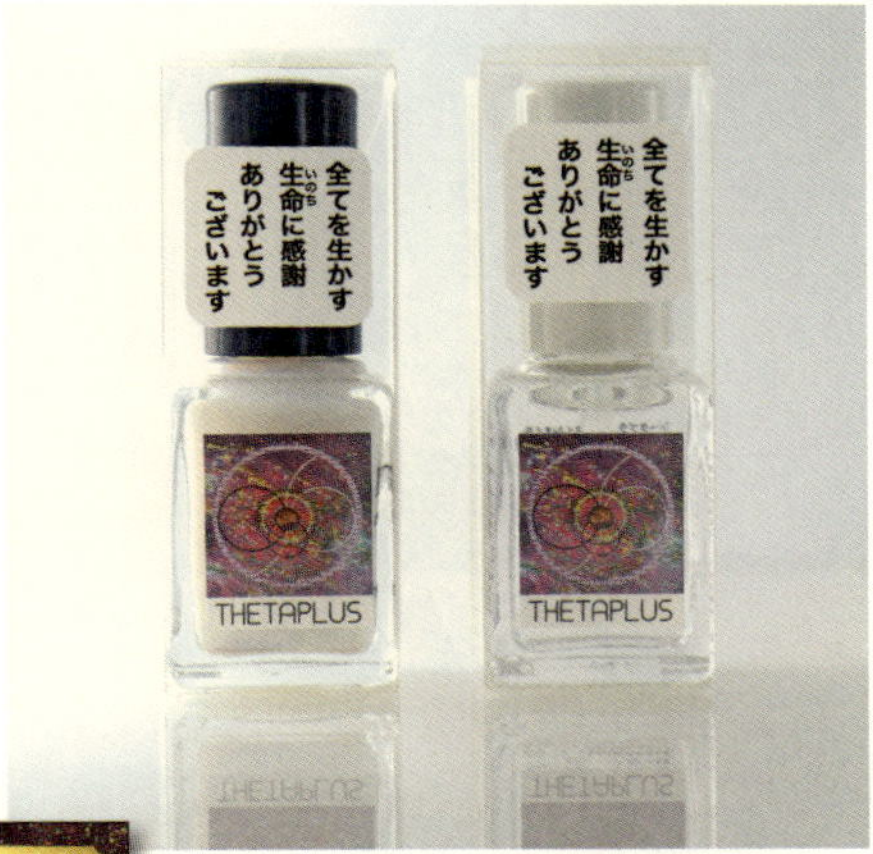

金城光夫先生の奥様が描かれた『目の真力』
個人出版時代のカバーデザイン。
ロゴに使用することで、さらに高エネルギーが注入されています。「見ているだけで夢が叶う絵です」（タンポポおじさん）。

シータプラス・水性ケアネイル

■19,440円（税込）
●内容量：10ml　●カラー：透明
通常のマニキュアと同様に手足の爪に塗布して使用します。速乾性と通気性があるので、爪の呼吸を妨げません。40度のお湯で10分ほど温めると落とすことができます。

シータプラス・ケアオイル

■19,440円（税込）
●内容量：10ml
浸透力の高い保湿成分を配合し、自爪に栄養を与えるオイルです。爪本体の保護の他、指にも塗ることができるので手指全体のメンテナンスに使用できます。

今日からすぐに本格的なコーヒーを
ご家庭でどなたでも手軽＆簡単に家庭焙煎が楽しめる
「家庭焙煎　お試しセット」

ホンモノのコーヒーを自宅で淹れ、優雅なひと時を――。そんな日常のコーヒーライフを激変させるのにまずは基本として手に入れておきたいのが、こちらのお試しセット。焙煎に使う「いりたて名人」のほか、ドリッパー、豆を挽くミル（ミル付セットのみ）に、本格的な生豆もついたセットなので、届いたその日から、わずかな時間で絶品のコーヒーを味わうことが可能です。

★生豆（コロンビア ナリーニョスプレモ）
南米コロンビア産の生豆の中でも最高級グレード。甘い香りとまろやかなコクが特徴で、まずは最初に試してほしい逸品です。

★いりたて名人
すべての工程において職人による手作りの焙煎器です。素材である超耐熱セラミクス（ウィルセラム）は遠赤外線効果が抜群で、熱がすばやく奥まで均等に伝わり、蓄熱力にも優れています。ボディカラーは「中煎り（MEDIUM ROAST）」の目安となる色になっていますので、焙煎初心者の方でも安心してお使いいただけます。

《いりたて名人を使った焙煎の手順》
①いりたて名人を弱火で１～２分温める
②お好みの生豆を計量スプーンに入れる（スプーン山盛り１杯でコーヒー４杯分）
③生豆をいりたて名人に投入。軽く左右に振って均一にならす
④豆全体の色が変わるまで、水平に左右に振って豆を転がして焙煎
⑤炒ったコーヒー豆を取っ手の穴から取り出し、うちわで扇いで炭酸ガスを取り除く

★ドリッパーAS101
新鮮ないりたてコーヒーを１穴でじっくり抽出する１～３杯用のドリッパーです。

★いりたてや・ミル
（ミル付セットのみ。お求めの場合はミル付をお選びください）

セラミック刃使用。軽量で持ち運びも便利で、粗挽き・細挽きが簡単に調節できます。お手入れも簡単な手動式のミルです。

★計量スプーン
山盛り１杯で４杯分のコーヒーを淹れることができます。

家庭焙煎　お試しセット

■ 6,000円（税込）　■ミル付 9,500円（税込）

●セット内容：いりたて名人１個、ドリッパーAS101・１個、生豆（コロンビア ナリーニョスプレモ）250g（約50杯分）、計量スプーン１個、使用説明書、いりたてや・ミル（手動式）１個
※いりたてや・ミルはミル付のセットのみとなります。

【お問い合わせ先】ヒカルランドパーク

本といっしょに楽しむ ハピハピ♥ Goods&Life ヒカルランド

家で飲むコーヒー、家庭焙煎で見直してみませんか？
ホンモノの味わいを手軽に愉しめるセレクトアイテム

日本のコーヒー業界は間違った認識が浸透しており、多くの方がホンモノの味わいを知ることができない状況にあります。実際、販売店には焙煎してから時間の経過したコーヒー豆ばかりが並び、本当においしいコーヒーはほとんど市場に流通していないのが現状です。詳しくは『一杯の珈琲から見える　地球に隠された秘密と真実』（一宮唯雄　著／ヒカルランド刊）でも触れていますが、おいしい１杯をお求めになるためには、これまでのコーヒーに対する常識を見直し、真実を知っておく必要があります。

これだけは知っておきたい、コーヒーの新常識

① コーヒーは生鮮食品である

コーヒーはもともとはフルーツの種なのです。ですから**本当の賞味期限は、焙煎したら７日、豆を挽いた粉なら３日、たてたら30分**です。現在流通している豆の多くは、焙煎してから時間が経ち新鮮さを失ったものです。おいしいコーヒーを自宅で淹れるためには生豆をお買い求め、自分で焙煎するのが近道です。

② コーヒーは健康にも良い

焙煎してから時間が経過し、酸化したコーヒー豆が一般的なせいか、「コーヒーの飲みすぎは体に良くない」「コーヒーを飲むと、胃がもたれて胸やけする」といった認識が根付いてます。しかし焙煎したての新鮮なコーヒーは、クロロゲン酸、トリゴネリン、カフェインの３つの成分が働き、**生活習慣病による不調の予防、脂肪燃焼効果、美肌効果、リラックス効果などをもたらし、さまざまな健康促進効果が科学的にも実証されている**のです。

これらの真実をもっと多くの人に知ってもらい、ホンモノのコーヒーをより多くの人に届けたい。ヒカルランドでは、コーヒーは生鮮食品であるというコーヒーの原点に立ち返り、どなたでも簡単にご自宅で焙煎することで、ホンモノのコーヒーを愉しむスタイルを提案しています。そこで、おいしいコーヒーを焙煎し、淹れるためのオススメアイテムをたくさん取りそろえました。

自然の中にいるような心地よさと開放感が
あなたにキセキを起こします

神楽坂ヒカルランドみらくるの1階は、自然の生命活性エネルギーと肉体との交流を目的に創られた、奇跡の杉の空間です。私たちの生活の周りには多くの木材が使われていますが、そのどれもが高温乾燥・薬剤塗布により微生物がいなくなった、本来もっているはずの薬効を封じられているものばかりです。神楽坂ヒカルランドみらくるの床、壁などの内装に使用しているのは、すべて45℃のほどよい環境でやさしくじっくり乾燥させた日本の杉材。しかもこの乾燥室さえも木材で作られた特別なものです。水分だけがなくなった杉材の中では、微生物や酵素が生きています。さらに、室内の冷暖房には従来のエアコンとはまったく異なるコンセプトで作られた特製の光冷暖房機を採用しています。この光冷暖は部屋全体に施された漆喰との共鳴反応によって、自然そのもののような心地よさを再現。森林浴をしているような開放感に包まれます。

みらくるな変化を起こす施術やイベントが
自由なあなたへと解放します

ヒカルランドで出版された著者の先生方やご縁のあった先生方のセッションが受けられる、お話が聞けるイベントを不定期開催しています。カラダとココロ、そして魂と向き合い、解放される、かけがえのない時間です。詳細はホームページ、またはメールマガジン、SNSなどでお知らせします。

神楽坂 ヒカルランド みらくる Shopping & Healing

神楽坂ヒカルランド みらくる Shopping & Healing
〒162-0805 東京都新宿区矢来町111番地
地下鉄東西線神楽坂駅2番出口より徒歩2分
TEL：03-5579-8948 メール：info@hikarulandmarket.com
営業時間11：00～18：00（1時間の施術は最終受付17：00、2時間の施術は最終受付16：00。時間外でも対応できる場合がありますのでご相談ください。イベント開催時など、営業時間が変更になる場合があります。）
※ Healing メニューは予約制。事前のお申込みが必要となります。
ホームページ：http://kagurazakamiracle.com/

神楽坂ヒカルランド
《みらくる Shopping & Healing》
大好評営業中!!

宇宙の愛をカタチにする出版社　ヒカルランドがプロデュースしたヒーリングサロン、神楽坂ヒカルランドみらくるは、宇宙の愛と癒しをカタチにしていくヒーリング☆エンターテインメントの殿堂を目指しています。カラダやココロ、魂が喜ぶ波動ヒーリングの逸品機器が、あなたの毎日をハピハピに！　TimeWaver、AWG、メタトロン、音響免疫チェア、ブルーライト、ブレインパワートレーナーなどなど……これほどそろっている場所は他にないかもしれません。まさに世界にここだけ、宇宙にここだけの場所。ソマチッドも観察でき、カラダの中の宇宙を体感できます！　専門のスタッフがあなたの好奇心に応え、ぴったりのセラピーをご案内します。セラピーをご希望の方は、ホームページからのご予約のほか、メールでinfo@hikarulandmarket.com、またはお電話で03-5579-8948へ、ご希望の施術内容、日時、お名前、お電話番号をお知らせくださいませ。あなたにキセキが起こる場所☆神楽坂ヒカルランドみらくるで、みなさまをお待ちしております！

★《AWG》癒しと回復「血液ハピハピ」の周波数

生命の基板にして英知の起源でもあるソマチッドがよろこびはじける周波数を
カラダに入れることで、あなたの免疫力回復のプロセスが超加速します！

世界12カ国で特許、厚生労働省認可！　日米の医師＆科学者が25年の歳月をかけて、ありとあらゆる疾患に効果がある周波数を特定、治療用に開発された段階的波動発生装置です！ 神楽坂ヒカルランドみらくるでは、まずはあなたのカラダの全体環境を整えること！　ここに特化・集中した《多機能対応メニュー》を用意しました。

A．血液ハピハピ＆毒素バイバイコース
（AWG コード003・204）　60分／6,000円
B．免疫 POWER　バリバリコース
（AWG コード012・305）　60分／6,000円
C．血液ハピハピ＆毒素バイバイ＆免疫 POWER
バリバリコース　120分／12,000円
D．水素吸入器「ハイドロブレス」併用コース
60分／10,000円
E．脳力解放「ブレインオン」併用コース　60分／10,000円
F．AWG プレミアムコース　60分×9回／50,000円

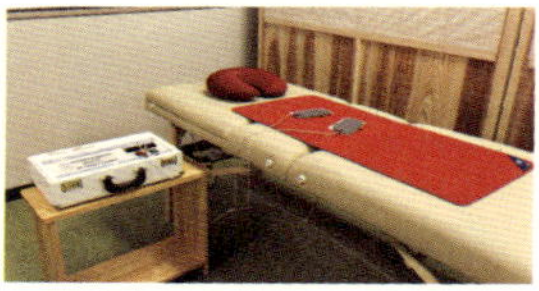

※180分／18,000円のコースもあります。
※妊娠中・ペースメーカーご使用の方にはご案内できません。

AWGプレミアムメニュー

1つのコースを一日1コースずつ、9回通っていただき、順番に受けることで身体全体を整えるコースです。2週間～1か月に一度、通っていただくことをおすすめします。

①血液ハピハピコース　②免疫 POWER UP バリバリコース
③お腹元気コース　④身体中サラサラコース
⑤毒素やっつけコース　⑥老廃物サヨナラコース

★ソマチッド《見てみたい》コース

あなたの中で天の川のごとく光り輝く「ソマチッド」を
暗視野顕微鏡を使って最高クオリティの画像で見ることができます。
自分という生命体の神秘をぜひ一度見てみましょう！

A．ワンみらくる　1回／1,500円（5,000円以上の波動機器セラピーをご利用の方のみ）
B．ツーみらくる（ソマチッドの様子を、施術前後で比較できます）2回／3,000円（5,000円以上の波動機器セラピーをご利用の方のみ）
C．とにかくソマチッド　1回／3,000円（ソマチッド観察のみ、波動機器セラピーなし）

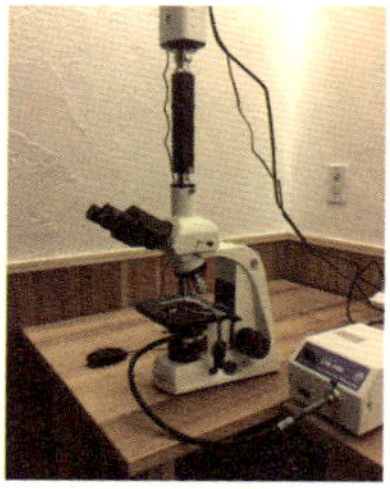

神楽坂ヒカルランド
みらくる
Shopping & Healing

★ TimeWaver《タイムウエイバー》

時間も空間も越えて、先の可能性が見える！
多次元量子フィールドへアクセス、新たな未来で成功していく指針を導きだします。

空間と時間を超越したヒーリングマシン「TimeWaver」は、抱えている問題に対して、瞬時に最適な指針を導き出します。タイムマシンの原理を応用し12次元レベルから見た情報を分析。肉体的なレベルだけではなく、チャクラや経絡、カルマ、DNA、遺伝的な要因など広い範囲にわたる情報フィールドにアクセスし、問題の原因を見つけます。

初回 60分／35,000円　　2回目以降 60分／25,000円

遠隔セッション可能です

TimeWaver がアクセスするのは、量子フィールド。お一人で写っているご自身の顔写真と生年月日などの情報があれば、アプリや、お電話などでの遠隔セッションが可能です。プライベートなお話のできる静かな場所で、椅子などにゆっくり座りながらお受けください。

★音響免疫チェア《羊水の響き》

脊髄に羊水の音を響かせて、アンチエイジング！
基礎体温１℃アップで体調不良を吹き飛ばす！
細胞を活性化し、血管の若返りをはかりましょう！

特許1000以上、天才・西堀貞夫氏がその発明人生の中で最も心血を注ぎ込んでいるのがこの音響免疫チェア。その夢は世界中のシアターにこの椅子を設置して、エンターテインメントの中であらゆる病い／不調を一掃すること。
椅子に内蔵されたストロー状のファイバーが、羊水の中で胎児が音を聞くのと同じ状態をつくりだすのです！　西堀貞夫氏の特製 CD による羊水体験をどうぞお楽しみください。

Ａ．自然音Ａコース「胎児の心音」　60分／10,000円
Ｂ．自然音Ｂコース「大海原」　60分／10,000円
Ｃ．「胎児の心音」「大海原」　120分／20,000円

★植物の高波動エネルギー《ブルーライト》

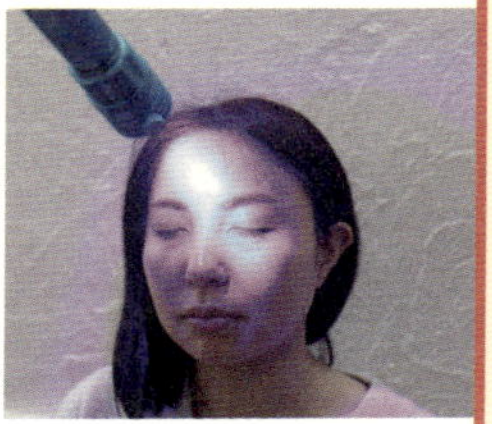

高波動の植物の抽出液を通したライトを頭頂部などに照射。抽出液は13種類、身体に良いもの、感情面に良いもの、若返り、美顔……など用途に合わせてお選びいただけます。より健康になりたい方、心身の周波数や振動数を上げたい方にピッタリ！

A．健康コース　7か所　10～15分／3,000円
B．メンタルコース　7か所　10～15分／3,000円
C．健康＋メンタルコース　15～20分／5,000円
D．ナノライト（ブルーライト）使い放題コース
30分／10,000円　60分／15,000円

★気を生み出す《ドルフィン》

長年の気になる痛み、手放せない身体の不調…たったひとつの古傷が気のエネルギーの流れを阻害しているせいかもしれません。他とは全く違うアプローチで身体に氣を流すことにより、体調は一気に復活しますが、痛いです！！！

A．激痛！　エネルギー修復コース 60分／15,000円
B．体験コース 30分／5,000円

★脳活性《ブレインオン》

聞き流すだけで脳の活動が活性化し、あらゆる脳トラブルの予防・回避に期待できます。集中力アップやストレス解消、リラックス効果も抜群。緊張した脳がほぐれる感覚があるので、AWG との併用がおすすめです！

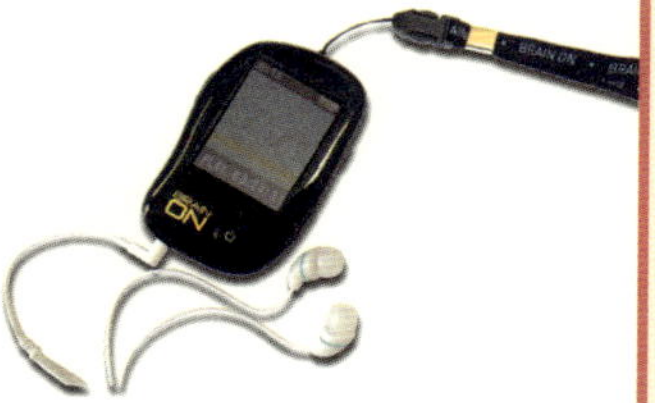

30分／2,000円
脳力解放「ブレインオン」AWG 併用コース
60分／10,000円

★量子スキャン＆量子セラピー《メタトロン》

あなたのカラダの中をDNAレベルまで調査スキャニングできる
量子エントロピー理論で作られた最先端の治療器！

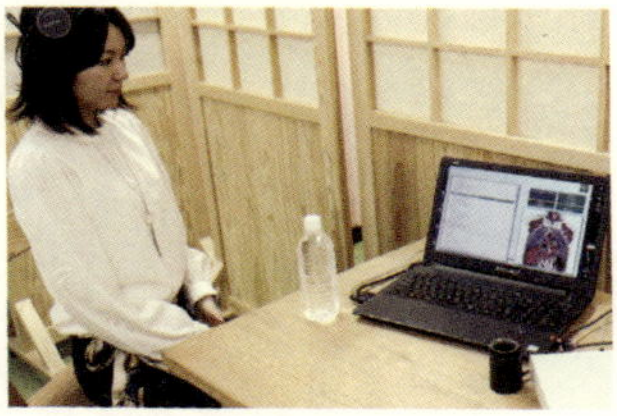

筋肉、骨格、内臓、血液、細胞、染色体など――あなたの優良部位、不調部位がパソコン画面にカラーで6段階表示され、ひと目でわかります。セラピー波動を不調部位にかけることで、その場での修復が可能！
宇宙飛行士のためにロシアで開発されたこのメタトロンは、すでに日本でも進歩的な医師80人以上が診断と治癒のために導入しています。
A.B.ともに「セラピー」「あなたに合う／合わない食物・鉱石アドバイス」「あなただけの波動転写水」付き

A.「量子スキャンコース」　60分／10,000円
あなたのカラダをスキャンして今の健康状態をバッチリ6段階表示。気になる数か所へのミニ量子セラピー付き。

B.「量子セラピーコース」
120分／20,000円
あなたのカラダをスキャン後、全自動で全身の量子セラピーを行います。60分コースと違い、のんびりとベッドで寝たまま行います。眠ってしまってもセラピーは行われます。

★脳活性《ブレイン・パワー・トレーナー》

脳力UP＆脳活性、視力向上にと定番のブレイン・パワー・トレーナーに、新メニュースピリチュアル能力開発コース「0.5Hz」が登場！　0.5Hzは、熟睡もしくは昏睡状態のときにしか出ないδ（デルタ）波の領域です。「高次元へアクセスできる」「松果体が進化、活性に適している」などと言われています。

Aのみ　15分／3,000円　　B～F　30分／3,000円
AWG、羊水、メタトロンのいずれか（5,000円以上）と同じ日に受ける場合は、2,000円

A.「0.5Hz」スピリチュアル能力開発コース
B.「6Hz」ひらめき、自然治癒力アップコース
C.「8Hz」地球と同化し、幸福感にひたるコース
D.「10Hz」ストレス解消コース
E.「13Hz」集中力アップコース
F.「151Hz」目の疲れスッキリコース

みらくる出帆社ヒカルランドが
心を込めて贈るコーヒーのお店

ITTERU珈琲

2019年9月29日13時オープン決定！

コーヒーウェーブの究極のGOAL
神楽坂とっておきのイベントコーヒーのお店
世界最高峰の優良生豆が勢ぞろい

今あなたが
この場で豆を選び
自分で焙煎《ばいせん》して
自分で挽《ひ》いて
自分で淹《い》れる

もうこれ以上はない
最高の旨さと楽しさ！

あなたは今ここから
最高の珈琲ENJOYマイスターになります！

ITTERU 珈琲
〒162-0825　東京都新宿区神楽坂 3-6　THE ROOM 4 F

ヒカルランド　好評既刊！

地上の星☆ヒカルランド　銀河より届く愛と叡智の宅配便

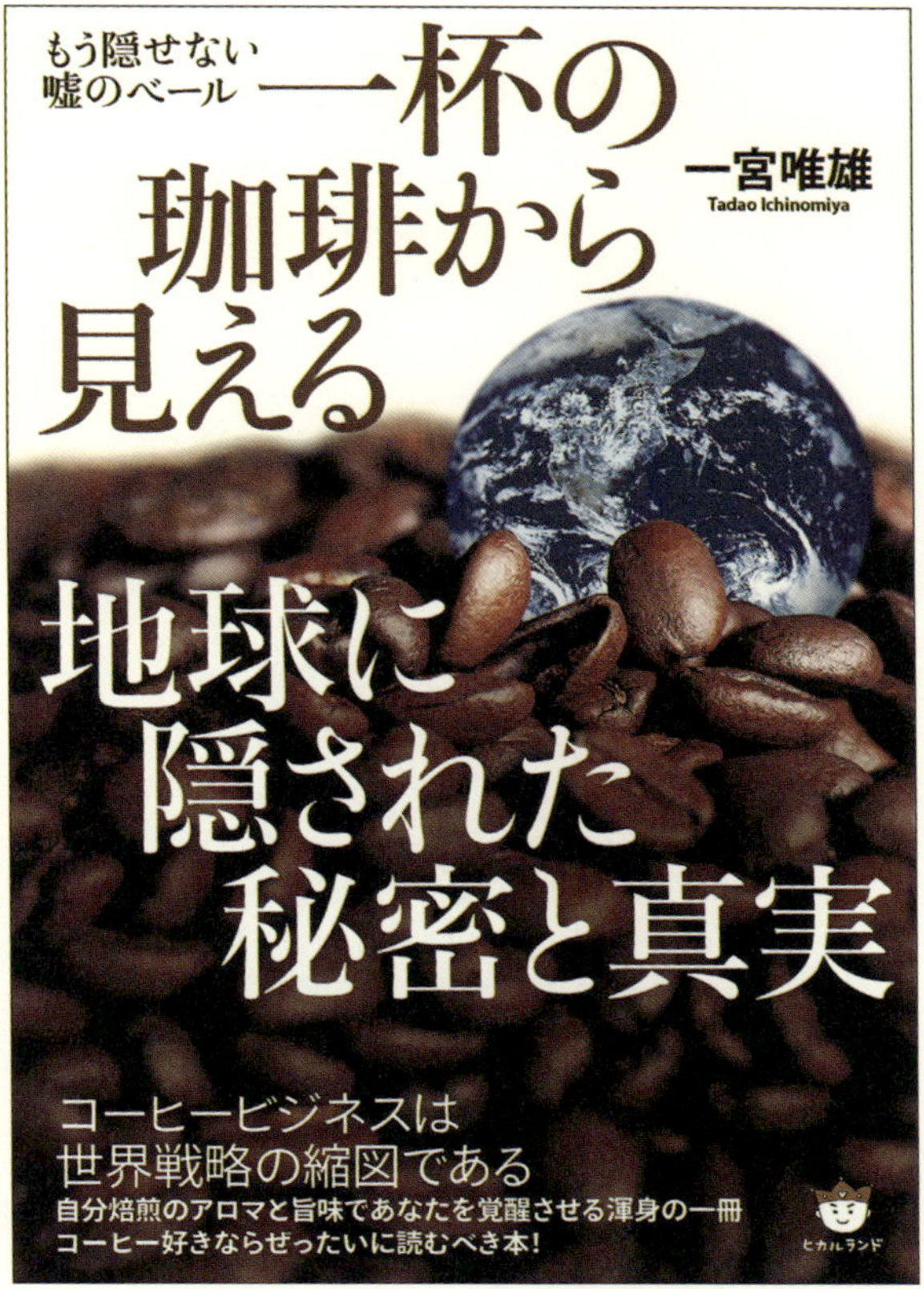

一杯の珈琲から見える
地球に隠された秘密と真実
著者：一宮唯雄
四六ソフト　本体1,815円+税

ヒカルランド　好評既刊！

地上の星☆ヒカルランド　銀河より届く愛と叡智の宅配便

セックスレスでもワクワクを求めてどんどん子宮にやってくるふしぎな子どもたち
著者：池川 明／咲弥
四六ソフト　本体1,620円+税

タマシイはひたすらびっくり体験とわくわくアイデアだけを求めてあなたにやって来た！
著者：池川 明／長堀 優
四六ソフト　本体1,815円+税

咲弥★自叙伝
～宇宙の超★履歴書～
著者：咲弥
四六ソフト　本体1,500円+税

編集担当：yae works が
編集・構成・ライティング☆および
イラストをも手がけた‼ スピリチュアル本☆最新作。

ヒカルランド　好評既刊！

地上の星☆ヒカルランド　銀河より届く愛と叡智の宅配便

[新装完全版] 魔法の学校
著者：宇咲 愛／レゴラス晃彦
A5ソフト　本体3,333円+税

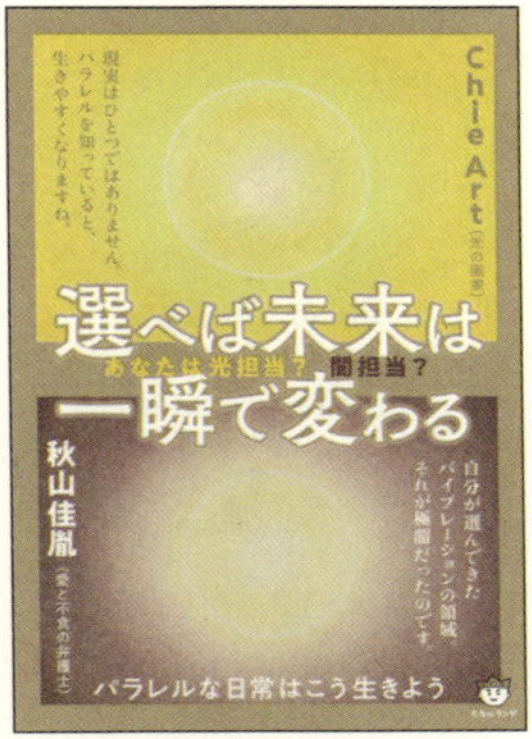

選べば未来は一瞬で変わる
パラレルな日常はこう生きよう
著者：Chie Art／秋山佳胤
四六ソフト　本体1,815円+税

宇宙がくれた数式
著者：木元敏郎
四六ハード　本体1,750円+税

編集担当：yae worksが
編集・構成・ライティング☆および
イラストをも手がけた!!　スピリチュアル本☆最新作。

ヒカルランド　好評既刊！

地上の星☆ヒカルランド　銀河より届く愛と叡智の宅配便

【神の望み】
スピリチュアルを解くサイエンス①
著者：五島秀一（Dr.Shu）
四六ハード　本体1 620円+税

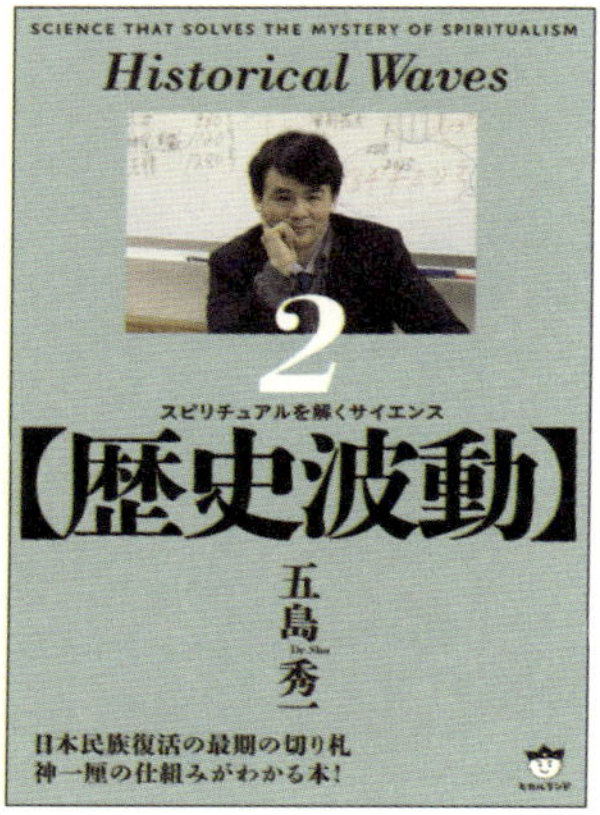

【歴史波動】
スピリチュアルを解くサイエンス②
著者：五島秀一（Dr.Shu）
四六ハード　本体1,620円+税

DVD版【神の望み】
スピリチュアルを解くサイエンス1
著者：五島秀一（Dr.Shu）
DVD　本体3,333円+税

DVD版【歴史波動】
著者：五島秀一（Dr.Shu）
DVD　本体3,333円+税

ヒカルランド　好評既刊！

地上の星☆ヒカルランド　銀河より届く愛と叡智の宅配便

あなたを底なしの洗脳の闇から一気に引き上げる 超ディスクロージャーセミナーvol.1
DVD　本体11,111円+税

令和と新天皇
著者：飛鳥昭雄
DVD　本体10,000円+税

【DVD解説版】奥伝の関節医学
実技：熊坂　護（柔道整復師）
解説：篠﨑　崇（美術家）
DVD　本体10,000円+税

【DVD】宇宙の最終形態「神聖幾何学」のすべて・全12回連続講座《十二の流れ》
著者：トッチ／礒　正仁
DVD　本体14,815円+税

シリウス☆
クリヤヨガレッスンDVD
著者：サッチー亀井
DVD　本体3,333円+税

根源神
エナジーヒーリングレッスンDVD
3日間で誰でもできる！
著者：岡部公則
DVD　本体3,333円+税

ヒカルランド　好評既刊！

地上の星☆ヒカルランド　銀河より届く愛と叡智の宅配便

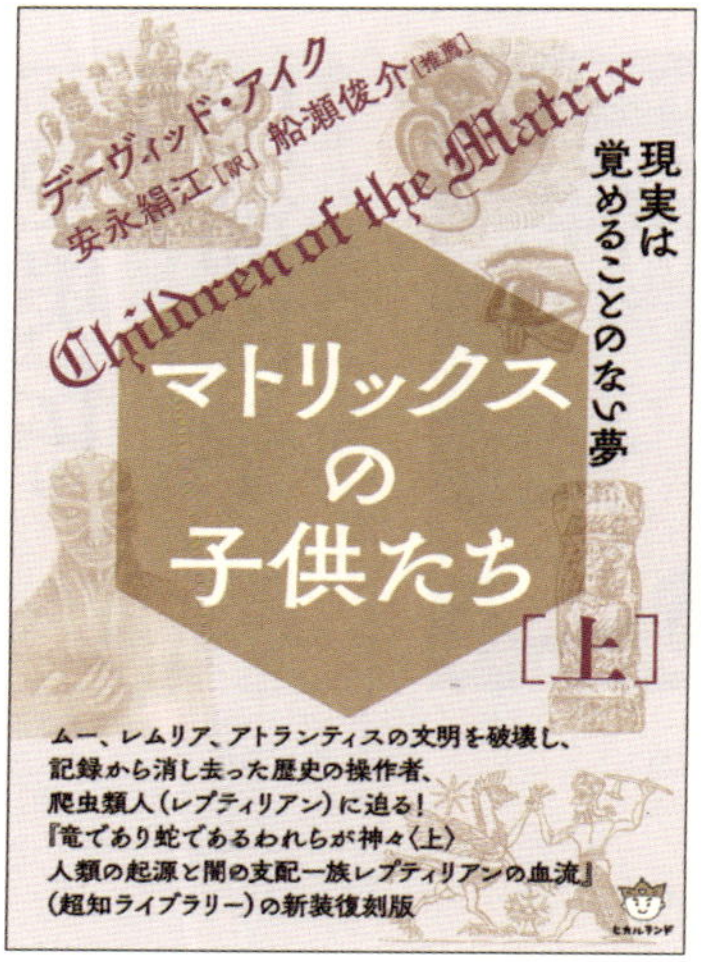

マトリックスの子供たち［上］
著者：デーヴィッド・アイク
訳者：安永絹江
推薦：船瀬俊介
四六ソフト　本体3,000円+税

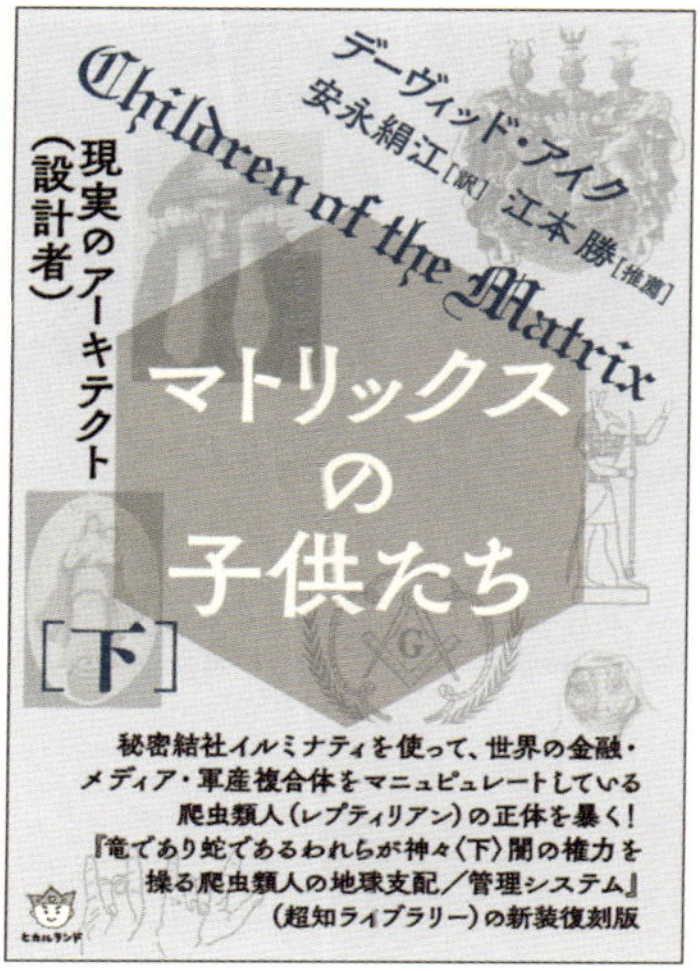

マトリックスの子供たち［下］
著者：デーヴィッド・アイク
訳者：安永絹江
推薦：江本 勝
四六ソフト　本体3,000円+税

ヒカルランド　好評既刊！

地上の星☆ヒカルランド　銀河より届く愛と叡智の宅配便

【新装版】ムーンマトリックス①
著者：デーヴィッド・アイク
監修：内海 聡
訳者：為清勝彦
四六ソフト　本体2,500円+税

【新装版】ムーンマトリックス②
著者：デーヴィッド・アイク
監修：内海 聡
訳者：為清勝彦
四六ソフト　本体2,500円+税

【新装版】ムーンマトリックス③
著者：デーヴィッド・アイク
監修：内海 聡
訳者：為清勝彦
四六ソフト　本体2,500円+税

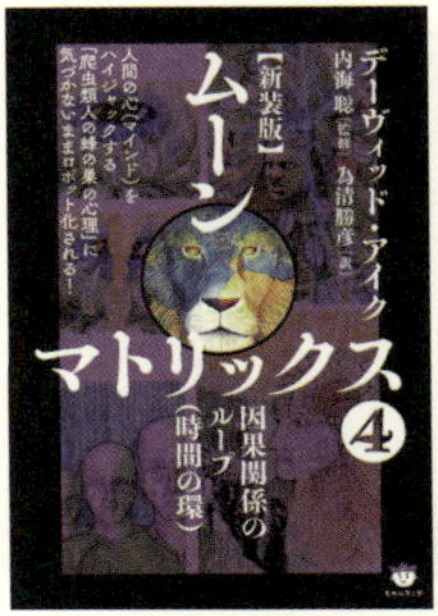

【新装版】ムーンマトリックス④
著者：デーヴィッド・アイク
監修：内海 聡
訳者：為清勝彦
四六ソフト　本体2,500円+税

【新装版】ムーンマトリックス⑤
著者：デーヴィッド・アイク
監修：内海 聡
訳者：為清勝彦
四六ソフト　本体2,500円+税

ヒカルランド　好評既刊！

地上の星☆ヒカルランド　銀河より届く愛と叡智の宅配便

宇宙からの伴侶 スピリットメイト
著者：アニ＆カーステン・セノフ
訳者：石原まどか
解説：滝沢泰平
四六ソフト　本体1,500円+税

愛と結婚と永遠の伴侶
スピリットメイトとは何か？
著者：滝沢泰平／アニ・セノフ／
　　　カーステン・セノフ
四六ソフト　本体1,815円+税

オーラトランスフォーメーション
著者：アニ・セノフ
監訳：石原まどか
四六ソフト　本体1,815円+税

女性のためのエネルギー護身術
保護の壁を作り誰からも奪われない
著者：アニ＆カーステン・セノフ
訳者：石原まどか
四六ソフト　本体1,500円+税

ヒカルランド　好評既刊！

地上の星☆ヒカルランド　銀河より届く愛と叡智の宅配便

世界は自分で創る〈上〉
著者：Happy
四六ソフト　本体1,620円+税

世界は自分で創る（下１）
著者：世界は自分で創る
四六ソフト　本体1,851円+税

世界は自分で創る（下２）
著者：世界は自分で創る
四六ソフト　本体1,851円+税

世界は自分で創る（下３）
著者：世界は自分で創る
四六ソフト　本体1,851円+税

ヒカルランド　好評既刊！

地上の星☆ヒカルランド　銀河より届く愛と叡智の宅配便

過去はうんこです?
著者：世生子（光333研究所）
イラスト：徳田有希
四六ソフト　本体1,500円+税

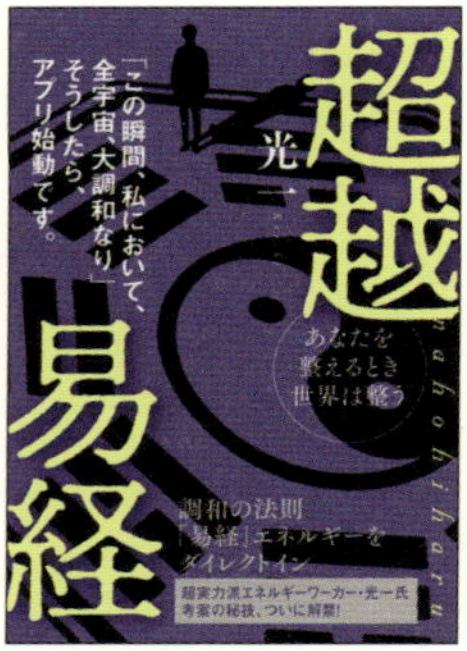

超越易経　nahohiharu
著者：光一
四六ソフト　本体1,815円+税

歓喜のアカシック
著者：中谷由美子
推薦：ゲリー・ボーネル
四六ソフト　本体1,851円+税

患者役をやめればエネルギーが変わり症状は消えていく
著者：長田夏哉（田園調布　長田整形外科院長）
四六ソフト　本体2,000円+税

ダイヴ！into ディスクロージャー
著者：横河サラ
四六ソフト　本体2,500円+税

令和元年からの［地球:人類］
Rescue Operation
著者：A・ジョルジェ・C・R／
高木友子
四六ソフト　本体1,815円+税